P9-CEQ-729

JUAN DIEGO

GRANDES MEXICANOS ILUSTRES

JUAN DIEGO

Juan Gallardo Muñoz

DASTIN, S.L.

© DASTIN, S.L.
Polígono Industrial Európolis, calle M, 9
28230 Las Rozas - Madrid (España)
Tel: + (34) 916 375 254
Fax: + (34) 916 361 256
e-mail: info@dastin.es
www.dastin.es

Edición Especial para:
**EDICIONES Y DISTRIBUCIONES
PROMO LIBRO, S.A. DE C.V.**

I.S.B.N.: 84-492-0334-1
Depósito legal: M-15.917-2003
Coordinación de la colección: Raquel Gómez

Impreso en España - Printed in Spain

«Zano ipan inin 3 15031 ziu
itl in Cuauhtlactoatzin
omonexti tzino in
totlazonantzin sihuapilli
Gadalupe Mexico»

Inscripción en lengua náhuatl, que puede traducirse por:

«También en este año de 1531 se apareció a Cuauhtlactoatzin (Juan Diego) nuestra amada madre, la Señora de Guadalupe, en México.»

De un Códice de 1548

PÓRTICO

VAMOS a intentar estudiar hasta donde nos es humanamente posible un acontecimiento que marcaría definitivamente a todo un país y, de paso, abriría camino a una controversia mundial que aún no ha cesado y que, en vez de remitir, sigue despertando encendidos comentarios y puntos de vista dispares en muchos sectores de la sociedad, incluso dentro de la propiamente religiosa, dividida por las consecuencias del mismo.

Vamos, en suma, a narrar todo cuanto se refiere al gran milagro guadalupano.

No es tarea fácil referirse a ello, como nunca lo ha sido hacerlo con acontecimiento alguno que afecte a la fe, a la Iglesia o a los santos, puesto que la controversia es inevitable y las dudas y las objeciones no tardan en surgir. Todavía más fuertemente, sin duda, cuando el milagro hay que buscarlo en un acontecimiento acaecido hace nada menos que casi cinco siglos, justamente cuando el imperio azteca acababa de ser destrozado y desmembrado por los conquistadores españoles, que imponían no sólo a su rey y su civilización, sino también a su Dios.

Era momento especialmente difícil para un milagro de esta envergadura, que pudiera significar en el futuro la consagración de la patrona de México, a través de la visión personal de un hombre humilde y desconocido hasta entonces. Pero ya desde tiempos de Jesús, sabemos todos que el ser humilde y desconocido no significa en absoluto no ser el elegido, sino todo lo contrario. ¿Acaso el propio Jesús de Galilea no era el más humilde entre los hombres, y también un desconocido de todos, nacido en el más mísero lugar y en las más penosas condiciones?

No puede, pues, extrañar, que aquel humildísimo indito, Juan Diego, fuera de nuevo el Elegido. Dicen que Dios escribe con renglones torcidos, y que sus designios son inescrutables. A nadie puede sorprender que un sencillo indito mexicano del siglo XVI suba a los altares, por mucho que escandalice a algunos. Si la Virgen lo eligió a él, y nada más que a él, para hacerse presente y dar su mensaje, extendido luego a todos los mexicanos, nadie puede discutir ese divino designio, aunque cada cual sea, naturalmente, libre de pensar lo que quiera.

Lo cierto es que así ocurrió, y así vamos a intentar narrarlo, intentando siempre ser fieles a la Historia y tratando de explicar todo lo explicable e incluso contemplar lo inexplicable, sin que por ello osemos nosotros buscarle una explicación que, sin duda, no está en nuestras manos proporcionar.

La canonización de Juan Diego es reciente, y ha producido más controversias, incluso dentro de la Iglesia católica, que otras muchas producidas hasta entonces, pero de momento no va a ser tarea nuestra ahondar en esas diferencias de criterio que a nada conducen sino, sobre todo, tratar de conocer, de entender y de seguir al hombre que es, involuntariamente sin duda, protagonista de todo, de lo sucedido hace cinco siglos y de lo que suceda actualmente en torno a su figura: Juan Diego.

Sorprende, eso sí, que incluso dentro del seno de la propia Iglesia mexicana hayan puesto algunos el grito en el cielo por la canonización de Juan Diego, a quien hay miembros preclaros de la institución católica que llegan incluso a negar como ser real, alegando que no existen pruebas fidedignas de su existencia. Según estas personas, resulta un contrasentido y un error de la Iglesia hacer santo a alguien de cuya existencia no hay prueba alguna.

Pero, como analizaremos en su momento, esos detractores de Juan Diego y su canonización se equivocan, no se sabe si intencionadamente o no, en tales apreciaciones. Existen pruebas concretas de que el indio Juan Diego existió, como existen pruebas, que se pueden discutir o no, ése ya es otro aspecto de la cuestión, de que realmente la Virgen se le apareció en varias ocasiones. De acuerdo en que la fe es elemento fundamental en toda creencia de este tipo, pero sin ir más lejos recordemos otro tema candente siempre, que unos afirmas, otros niegan y algunos no saben qué pensar: la Sábana Santa de Turín.

Viene ello a cuento de que *existe* una imagen de la Virgen de Guadalupe, *impresa* en un tejido poco común, y sobre cuya autenticidad existen dudas y disputas inevitables, porque ya se sabe que todo hecho milagroso no puede ser aceptado por todo el mundo con la misma convicción.

Pues bien, si la imagen que tenemos de la Virgen morena mexicana es objeto de controversias y de dudas, ¿qué decir de la citada Sábana, que nos muestra una imagen de Jesucristo, y que se dice fue impresa por el cuerpo del Redentor cuando se le bajó de la cruz?

La Sábana Santa ha sido sometida a exhaustivos experimentos y pruebas de todas clases, incluso recientemente, con todos los medios de que dispone la ciencia, incluidos los programadores más sofisticados y la prueba del carbono 14. ¿Resultado? Ambiguo, como no podía ser por menos de ocurrir con algo que, sobre todo, sabemos que es objeto de fe. Puede ser realmente el cuerpo y rostro de Jesús, o no; de momento depende de nosotros mismos. Pero ciertos puntos significativos sí han quedado despejados.

Se ha demostrado que el tejido de la sábana corresponde a como se tejían hace unos dos mil años. Se ha demostrado que la imagen allí impresa no lo ha sido por ningún medio mecánico, artificial o por recurso humano conocido alguno. Es, por tanto, una imagen *auténtica,* sea cual sea la verdadera explicación de tan insólito hecho. Con todo ello, ¿caben dudas de su autenticidad? Por supuesto que sí, ya que el hombre tiene derecho a dudar. ¿No dudó Santo Tomás en presencia del propio Jesús?

No se ha podido demostrar, por supuesto, que esa figura sea la de Jesús ni que la sábana fue la que José de Arimatea donó para envolver el cuerpo sin vida descendido de la cruz. Si eso se probara a ciencia cierta, ya no harían falta pruebas de fe, obviamente, porque sería algo probado. Es posible que las cosas no puedan ser tan fáciles, y que Dios no ponga tan sencillo a los hombres las verdades que solamente a través de su propia fe podemos aceptar o denegar.

En el caso de Juan Diego, el elegido por la Virgen para ser testigo de su presencia en México, y con ello para el inicio del culto de la que hoy es patrona de México y lazo de unión amoroso y entrañable de todos los mexicanos, tenemos los mismos condicionantes de siempre. Basta recordar las apariciones de Lourdes, que llevaron a Bernadette Soubirous ante los propios tribunales eclesiásticos, acusada de perjura y de sacrílega. O los pastores de Fátima, casi siempre discutidos o negados, pese a su inocente insistencia en haber sido testigos de la presencia de la Señora.

Y si eso sucede con milagros o apariciones tan cercanas a nosotros, prácticamente contemporáneas, ¿qué decir de un milagro que tuvo lugar hace tantos siglos, en un México todavía aferrado a su civilización anterior, a la de sus dioses aztecas y a las creencias de la gran Tenochtitlán?

No puede negarse que los escépticos tienen sus razones para rechazar o para dudar. Pero precisamente para combatir ese punto de vista, para seguir el camino de los propios acontecimientos, tal como se supone que sucedieron, y como Juan Diego nos dijo que realmente ocurrieron, intentamos aquí no solamente referir la vida del futuro santo mexicano, sino también de lo que significa en realidad el milagro por él vivido en aquellos lejanos tiempos, y que habían de ser pilar y soporte de la actual fe del pueblo mexicano. Todo un pueblo que cree en su Santa Patrona, que reza ante ella, que pide por sí o por los suyos, y que tiene la seguridad de sentirse protegido por su sagrada presencia, de la que quiso ser ella misma portavoz ante el más humilde de los hombres.

Vamos a aportar los testimonios existentes; intentaremos explicar, en la medida de lo posible, hechos, acontecimientos y personas, en torno al prodigioso hecho del cerro del Tepeyac, lugar de la aparición milagrosa. No es una tarea fácil, porque tal vez lo fácil sea intentar desmontar lo que se narra, alegando siempre razones de frío materialismo y de la helada lógica inherente a lo que llamamos «la razón».

Parece que algunos quieran olvidar que la propia existencia de Dios es pura fe, como lo es creer los Evangelios y aceptar la palabra de los apóstoles respecto a la vida, pasión y muerte del Salvador. Tiene que ser dogma de fe, efectivamente, pero muchos pasajes de la propia historia del hombre son igualmente discutibles o rebatibles, y sin embargo fueron ciertos y bien ciertos. Recordemos, en un terreno muy distinto, lo que se ha considerado durante siglos una pura fábula, simple parte de la mitología griega e invención, en todo caso, de un poeta, Homero: la ciudad de Troya. Puro mito tal ciudad, según incluso los estudios de temas así.

Y, de repente, tanta firmeza práctica, tanta seguridad científica, se van espectacularmente al traste. Aparecen las ruinas de la ciudad de Troya. Troya, por tanto, existió. Troya no fue invención poética ni mitológica. Y si existió Troya, ¿por qué no pudo existir la guerra que le puso sitio, con todo lo demás, más o menos amplificado, mixtificado o simbolizado por el narrador?

Ahí tenemos una evidencia clara que deja en muy mal lugar a los sesudos científicos y a los presuntamente lógicos analistas que sólo creen aquello que está probado mil veces. Troya existió. Lo negado era cierto.

Por tanto, ¿por qué no va a ser cierta la Biblia, muchos de cuyos pasajes está confirmado que pertenecen a períodos y sucesos de pueblos y de hombres que realmente existieron? ¿Por qué dudar de los Evangelios, por qué pensar que todo ello es sólo tradición y dogma de fe, y nada más?

Existen evidencias comprobadas de que existió un Jesús de Nazareth que fue crucificado durante el mandato de Poncio Pilatos en Jerusalén. Un Jesús, hijo de José y de María. Si eso está probado, ¿por qué negar sistemáticamente el resto? Racionalismo puro, materialismo a ultranza, sobre todo. Dudas, las que se quieran, porque el hombre duda por naturaleza. Pero evidencias, muchas también. Demasiadas, tal vez, para que se pueda poner siempre la negativa por delante. Una fe falsa difícilmente se mantiene dos mil años vigente. Algo hay, ¿no es cierto?

Pues bien, trasladado a otro plano, tenemos algo muy parecido en el milagro mexicano de la Virgen de Guadalupe y de Juan Diego, elegido para vivirlo en sí mismo y para dar fe de él a todos sus compatriotas, hace ya casi cinco siglos. La Iglesia confirma la verdad del hecho y de la persona, pese a todos los movimientos detractores en contra. Por algo será.

Dejando aparte el nunca agradable tema de las disparidades dentro del propio seno de la Iglesia católica, que tanto pueden dañar y, sobre todo, herir la susceptibilidad misma del pueblo mexicano, enfoquemos otros aspectos del tema trascendental y hermoso que vamos a intentar seguir y desentrañar en esta obra. Desapasionadamente, si ello es posible, pero intentando ver no sólo con nuestros ojos y nuestra mente, sino sobre todo con los ojos del alma y con la mentalidad espiritual, que es lo que en definitiva importa.

Hay que tener en cuenta, además, que ciertos fenómenos, sean sociales, históricos o simplemente religiosos, pueden hacer de por sí un milagro implícito que nada tiene que ver con el posible milagro que sea en sí tal manifestación. Y ese milagro es el de la unificación moral, humana, sociológica y de todo tipo del propio pueblo al que se le concede esa oportunidad. Ya sea por cauces naturales o sobrenaturales, que no es ésa la cuestión, aquello que une y no separa tiene mucho de positivo. ¿Se le puede negar a la existencia misma de la Virgen guadalupana ese factor de unión entre todos, grandes y pequeños, ricos y pobres, poderosos y miserables?

Ella, que es no sólo por tradición, sino por designio oficial de las autoridades y gobernantes, Patrona de México y hasta Emperatriz de América, como fue nombrada en su momento, no hay duda alguna de que es el nexo divino que amalgama a unos y otros, que rompe diferencias abismales en la sociedad, que unifica a los ciudadanos de un mismo pueblo, desde lo más alto a lo más bajo, que les hace sentir a todos, que *nos* hace sentir a todos, iguales ante su grandeza de Madre de Dios, no puede ser en definitiva sino un hito especialísimo en el devenir de los acontecimientos después de la conquista extranjera de un territorio hasta entonces virgen de toda huella extraña. Por todo ello, el hecho mismo del acontecimiento es, en sí, el más grande de los milagros imaginables, con toda su connotación humana y divina.

Sus detractores nunca tendrán en cuenta esa circunstancia, posiblemente porque no les interesa en realidad el sentimiento mismo del pueblo llano, sino el suyo propio o las rígidas directrices de su concepto personal de la religión, que creen incluso ofendido por el simple hecho de que un insignificante, desconocido y lejano indio mexicano pueda ser llevado a los altares y convertido en santo.

Sabemos que esto es muy fuerte y que puede señalar a ciertos elementos eclesiásticos, más bien prominentes, no vamos a engañarnos, casi como racistas e incluso clasistas, con toda la carga negativa y paradójica que ello comporta, pero ante los hechos consumados hay quien no tiene más remedio que pensar que muchos altos dignatarios de la propia Iglesia caen en el grave pecado de ir contra lo que han de ser sus propias e íntimas convicciones cristianas.

Que un personaje casi anónimo, un hombrecillo ignorado, perdido en la noche del pasado, del que poco se sabe y del que nada apenas ha trascendido, salvo su devoción personal y su profundo sentimiento religioso, llegue a ser canonizado por la Santa Iglesia católica y por su principal cabeza visible, Su Santidad el Papa, pueda ser motivo de discordia entre el propio clero apostólico, no acaba de ser entendido por el hombre de la calle, y eso es peligroso para la propia institución, por muchos conceptos.

Pueden discutirse las cuestiones al más alto nivel eclesiástico, ya que en todo proceso de canonización es legítimo que exista el llamado abogado del diablo, oponiéndose con sus propias razones al acto anunciado, pero eso no significa que haya que llegar a denostar con argumentos muy discutibles la legitimidad de esa santificación, sobre todo cuando ya ha sido decidida por el Sumo Pontífice, en este caso Juan Pablo II.

A fin de cuentas, todo lo que se argumenta contra la figura de Juan Diego se puede convertir en una especie de bumerán contra sus detractores. Porque si ellos afirman rotundamente que Juan Diego ni siquiera existió, ¿qué sucede, cuando se demuestra con pruebas incontrovertibles, que sí existió el personaje sin lugar a dudas? Si se pone en tela de juicio, nunca mejor dicho, el fragmento de tejido donde aparece impresa la imagen de la morena Virgen mexicana, ¿qué sucede cuando los medios científicos afirman rotundamente que la tal imagen no puede ser en modo alguno una pintura ni una forma de grabado mediante los medios conocidos hoy en día?

Si se objeta que de la presencia divina de la Virgen ante Juan Diego sólo existe el testimonio del propio interesado, y por ello no resulta creíble. ¿qué decir cuando Bernadette afirma lo mismo, respecto a Nuestra Señora de Lourdes, aparecida ante ella, o de los pastores portugueses frente a la imagen aparecida de la Señora en la *cova* de Fátima?

Por supuesto que en esos fundamentales puntos de réplica de los detractores está la mejor arma para desarmarles, por mucho que recurran a sus habilidades teológicas y a sus recursos clericales. Si Juan Diego ha existido —que ha existido—, si la imagen impresa en el tejido no es obra de la mano humana —que parece ser que no lo es— y si, por añadidura, todo aquel que ha visto ante sí la aparición de la Virgen no ha tenido por qué tener tal privilegio en público —porque entonces dejaría de ser privilegio—, ¿qué argumentos válidos quedan para negar la presencia de la Madre de Dios en Tepeyac y para negar sistemáticamente incluso la realidad humana de la existencia de un hombre del siglo XVI que llegó a hablar con la Señora?

A todo ello vamos a intentar dar una respuesta, si no definitiva, porque no la hay —volvemos al punto básico de todos, a la Fe del Hombre, que está y estará siempre por encima de todo—, sí al menos todo lo documentada y detallada posible como para que el lector pueda hacerse una idea exacta, tanto del prodigio en sí como de sus circunstancias y, sobre todo, de quien fue su indiscutible protagonista, pese a quien pese, y que no es otro que nuestro humilde, sencillo y modesto héroe, el protagonista del milagro mismo, en el primitivo Cuauhtlactoatzin, de nombre cristiano Juan Diego.

En este prefacio de la historia, de sus detalles, de sus circunstancias casi mágicas, si se me permite el calificativo, solamente queremos introducir al lector en lo que pretendemos y en lo que no sé realmente si lograremos, porque la tarea, la verdad, no es nada fácil.

Sabemos que podemos chocar con la incomprensión, el escepticismo o la incredulidad de los que difícilmente creen aquello que no ven o que no les puede ser aplastantemente demostrado. Sabemos también que vamos a encontrar a otras personas que crean ver, en nuestro análisis de la vida, los hechos y las consecuencias de la persona de Juan Diego y de su historia, una cierta tendencia a distanciarnos y pretender ser neutrales, sin apasionamientos ni convicciones ciegas. No intentaremos nunca caer en uno ni en otro extremo.

Sencillamente, vamos a intentar algo difícil pero honesto: ser fieles a la realidad, pura y simple. Y decimos difícil, porque la realidad, a casi quinientos años vista, resulta una tarea titánica, que solamente podemos llevar a cabo a través de la propia Historia, de tradiciones, de leyendas a veces, de testimonios más o menos creíbles, de evidencias no siempre claras, aunque tampoco oscuras en su totalidad; en suma, de muchos elementos distintos y distantes que van a configurar no tan sólo nuestro deseo ferviente de retratar lo más fielmente posible al propio Juan Diego, sino también de presentar ante nuestros lectores la verdad del gran milagro: la aparición de la Virgen de Guadalupe, que es lo que realmente importa, por encima de todo.

Capítulo I

— Antecedentes —

CURIOSAMENTE, los antecedentes previos a aquella sublime aventura eran completamente dispares entre sí, aunque explicaban mucho de lo que iba a acontecer en un breve espacio de tiempo después.

Aquellos antecedentes tenían nombre propio. Dos nombres, en concreto: Moctezuma II y Hernán Cortés.

Extraño prólogo para la historia más hermosa de aquel México que salía de una rica civilización extinguida y entraba en nuevos tiempos de dolor y de sometimiento a las costumbres y leyes del invasor.

Y, sin embargo, así fue como sucedieron las cosas.

Todo se había iniciado en 1519, con la llegada a las costas mexicanas de unos extraños hombres blancos, rubios, con barba, vestidos con resplandecientes armaduras de metal y portando tubos que disparaban fuego, montando extraños animales llamados «caballos» y conduciendo grandes perros como ellos jamás vieran antes.

Era el principio de la conquista. El final de un imperio. El inicio de aquellas nuevas leyes, entre las que se contaban nuevos conceptos, nuevos templos, nueva religión. Y también sometimiento y esclavitud al vencedor.

Moctezuma II, emperador de los aztecas por entonces, había cometido el mayor error de su vida: no enfrentarse para intentar expulsar de sus dominios a aquellos extranjeros que él creía dioses. Ni eran los dioses que él temía tanto, ni le traían amistad, sino traición, ni iban a conseguir otra cosa que exterminar toda una civilización, todo un pueblo que tenía su orgullosa capital en una ciudad majestuosa, la gran Tenochtitlán, sobre el lago Texcoco.

Moctezuma Xocoyotzin nunca debió dejarse engañar ni por sus temores supersticiosos ni por la astucia del invasor. Hernán Cortés supo jugar astutamente sus cartas, y en vez de ser huésped del gran *huey tatloani* —rey de los aztecas—, se convirtió en secuestrador del rey y en amo y señor de Tenochtitlán y de todo el imperio.

Un pueblo violento y guerrero como el suyo, un ejército poderoso y hasta cruel, había de caer con sorprendente facilidad ante sólo un puñado de extranjeros, los españoles capitaneados por Cortés, por culpa de viejas profecías en las que Moctezuma creía ciegamente.

Sería muy largo relatar aquí todos los incidentes y todas las diversas etapas de la conquista de México por parte de aquellos hombres llegados de más allá del mar y que tanto admiraban los aztecas, hasta el punto de verles como enviados de sus divinidades. Tan largo como la propia conquista. Por ello se trata únicamente de relatar los hechos que puedan dar al lector una idea aproximada del momento en que tenía que suceder el gran milagro que, por vez primera, uniría a todos los mexicanos en una fe común, guiados por una providencial circunstancia que para muchos es simple mito y para los más es la prueba de que Dios quería anunciar a todos ellos el camino de una fe que les fortaleciera ante el infortunio y les hiciera superar sus sufrimientos, sus pobrezas y sus incertidumbres con una Verdad que estaba por encima de todo.

Hay que tener en cuenta que, para el momento en que Juan Diego iba a enfrentarse con su glorioso destino, toda una religión poderosamente asentada había sido desarmada y humillada por el invasor, que, apenas hubo triunfado sobre el gran poderío azteca, se apresuraría a destruir toda huella de sus creencias.

El pueblo mexica de entonces no podía olvidar que sus hermosos y grandes templos habían sido derruidos para edificar otra clase de templos muy diferentes, que sus dioses habían sido derribados para poner en su lugar las imágenes de otra religión que les era extraña y de la que poca cosa sabían ellos. Sus sacerdotes, omnipotentes con la anterior civilización, habían sido en su mayoría asesinados por los invasores, so pretexto de ser sanguinarios forjadores de sacrificios humanos, y en su lugar llegaban otros sacerdotes de diferente indumentaria y palabras distintas.

Todo esto no hacía sino crear una gran confusión en la mente de los que antes eran señores de su tierra y ahora se habían convertido en esclavos. ¿Cuál era la verdadera fe, cuál la auténtica religión?

¿Un solo Dios, como afirmaban los que llegaban ahora? ¿Muchos dioses, como les habían enseñado en su niñez y adolescencia los religiosos aztecas?

Muchas de aquellas gentes, en su mayoría humildes campesinos, puesto que la agricultura era la gran riqueza del pueblo azteca, no podían entenderlo. No tenían respuestas.

Pero ¿cómo se había llegado a esa situación, cuando, sólo unos años antes, era adorado, por encima de todos, Quetzalcóatl (serpiente emplumada), seguido de otras deidades como Tláloc, Tonantzin, Coatlicue, Ometeótl, y así una interminable serie de divinidades que presidían su existencia?

Sencillamente, por culpa del encuentro equivocado entre dos hombres antagónicos, que iban a marcar para siempre la historia de México y el futuro de sus gentes. Por un lado, Moctezuma. Por el otro, Cortés.

Si en vez de ser bien recibido, con honores dignos de un rey o de un dios, y acogido pacífica y amistosamente en Tenochtitlán, Moctezuma hubiera sabido ver en aquel extranjero de tez blanca a un enemigo y no a un ser de origen divino, otra cosa hubieran sido los acontecimientos posteriores.

Pero el gran error se cometió, y eso ya no tuvo vuelta atrás. Los españoles se hicieron dueños y señores de todo paulatinamente, con la aquiescencia dócil y fatalista del propio Moctezuma. El español supo jugar admirablemente sus recursos, logrando que los indígenas enemigos de Tenochtitlán le ayudaran, formando una fuerte alianza contra el imperio azteca, que iba a ser decisiva. Cierto que esos pueblos que se pusieron del lado de los españoles lo hicieron por razones muy concretas.

Esas razones eran la fuerte enemistad que sentían hacia los habitantes de Tenochtitlán, por quienes se sentían dominados y humillados. El odio acumulado por esa actitud arrogante y cruel de los aztecas para con los pueblos vencidos o aliados, hizo que éstos se volvieran contra ellos, formando la fuerza más sólida con que iba a contar el astuto Cortés en su empeño.

Sin esa argucia, ¿qué hubieran podido hacer quinientos hombres, por mucha que fuera su decisión, por mucha la superioridad de armamento y medios, contra miles y miles de bravos guerreros aztecas, curtidos en el campo de batalla y con un líder como Moctezuma, bravo guerrero y perfecto estratega?

Jugando con la credulidad y buena fe de los aztecas, y con su propia inteligencia y agudeza, Cortés supo horadar aquella sólida estructura que era el imperio azteca, hasta el punto de salir vencedor de una batalla tan sangrienta como desigual.

Su osadía llegó al extremo de hacer prisionero al propio anfitrión que tan magnánimamente le recibiera. Moctezuma pasó a ser un rehén suyo, sin que se sepa que hiciera nada por evitarlo o por resolver esa absurda situación, siendo como era el rey de todos aquellos pueblos.

Cautivo Moctezuma, Cortés supo manejar a la nobleza de Tenochtitlán —que también, en cierto modo, era rehén suyo—, hacerse con el poder y situar a sus hombres en los puestos clave de la gran ciudad, para tener controlada la situación. Una vez seguro de sí mismo y de la solidez de su situación, procedió a actuar como un auténtico tirano, siempre con la aquiescencia de una gente sometida a su voluntad inexplicablemente.

Suprimió todo sacrificio humano —los aztecas solían sacrificar a sus prisioneros de guerra e incluso a voluntarios de su propio pueblo, para calmar las iras de los dioses—, lo cual no era una mala medida en sí, si otros actos de crueldad de los españoles no hubieran ido unidos a esa medida. La ira de los sacerdotes ante esa prohibición fue grande, pero tampoco hubo rebelión contra ella.

Después, les tocó el turno a los dioses. Los ídolos aztecas fueron arrancados de sus sitios de culto, o simplemente destruidos sin miramientos, y en su lugar se empezaron a poner cruces, imágenes cristianas y todo cuanto, en nombre de su emperador, quiso plantar Cortés para inculcar una nueva fe a los aztecas. Ese paso, aunque también tolerado, iba a ser sin embargo fuente de grandes problemas no tardando mucho.

Mientras Cortés estuvo como jefe supremo de sus gentes dentro de Tenochtitlán, con Moctezuma y sus nobles secuestrados en el propio palacio donde él se alojaba ahora, las cosas siguieron por el mismo cauce de absoluta tranquilidad. Los soldados españoles a su mando no tuvieron problema alguno, y ni el más mínimo acto de violencia se produjo en la capital azteca.

Pero en un momento dado, cuando Cortés más seguro estaba de su poder y más sólida sentía su hegemonía en aquel lugar, tuvo lugar en la costa mexicana la sublevación de uno de sus lugartenientes y, seguro de que nada podía suceder en su ausencia, partió con un contingente de sus hombres hacia el lugar de la insurrección, para atajarla de raíz.

Consiguió su propósito sin demasiados problemas, pero dejó Tenochtitlán bajo el mando de su hombre de su máxima confianza, Pedro de Alvarado. Y ése fue su gran error.

Alvarado era hombre expeditivo y sumamente cruel. No se anduvo con la más mínima contemplación cuando los aztecas pretendieron llevar a cabo un sacrificio humano y, en vez de prohibir el acto y tomar enérgicas medidas para ser obedecido sin más problemas, lo que hizo fue desatar una masacre.

Ordenó a sus tropas ejecutar a los nobles que habían intentado el sacrificio, e incluso a los sacerdotes aztecas implicados en el empeño. Aquélla fue la gota que colmó el vaso.

Los aztecas de Tenochtitlán, por primera vez, se hartaron de ser víctimas de la tiranía española y se levantaron en armas. Fue toda la ciudad la que se puso en pie contra los conquistadores, y a su regreso Cortés se halló con un verdadero infierno, donde sus hombres —y luego él mismo— se veían cercados por el enemigo, y habían pasado de ser los captores a ser los secuestrados dentro de la ciudad.

Pero Cortés todavía se sentía seguro de sí y de su posición, contando como contaba con la presencia de su regio rehén, Moctezuma, todavía prisionero suyo junto con un grupo de nobles aztecas. Eso le daba una seguridad que no era tal, porque el pueblo, airado contra su propio rey, al que culpaban de todo lo sucedido, por su sometimiento dócil a los dictados del extranjero, había ya elegido sucesor a Moctezuma, y no estaba dispuesto a obedecer más la autoridad de éste.

Moctezuma, creyéndose todavía con un dominio personal sobre su pueblo, salió al exterior para suplicar a los sublevados que depusieran sus armas y terminara la violencia. La respuesta fue una lluvia de piedras, una de las cuales impactó en el propio rey, que hubo de ser retirado al interior, malherido por sus propios súbditos.

Aquí entra una de las mayores controversias de la historia de aquel período de la conquista, pues mientras unos aseguran que a Moctezuma le asesinaron los españoles por orden del propio Cortés, al ver que su rehén ya no le era útil, otros afirman que Moctezuma, amargado y decepcionado por lo sucedido, se dejó morir de hambre y de sufrimiento, con una seria herida en su cabeza agravando esa situación desesperada.

No es fácil que se llegue a saber nunca cuál de ambas versiones se ajusta a la realidad, ni es tarea nuestra ahora detenernos a analizar los pros y los contras de una u otra, puesto que si relatamos a grandes rasgos los hechos más destacados de la conquista, es más por situar al lector en el entorno preciso para seguir la historia que nos ocupa, que por narrar o investigar los hechos de la conquista en sí.

De una u otra forma, el cadáver de Moctezuma fue entregado a su pueblo, mientras la defensa de los españoles, dentro del cercado palacio, era cada vez más desesperada y heroica, puesto que eran miles y miles de aztecas los que les rodeaban en esos momentos. Todo intento de parlamentar era inútil.

Evadirse tampoco era tarea fácil, y dentro del palacio los españoles malheridos o muertos iban en aumento día a día. Finalmente, comprendiendo Cortés que no podían prolongar más esa situación o morirían todos a manos de sus enemigos, optó por una medida extrema, que podía ser su salvación o su tumba segura: salir de la ciudad en plena noche, arrostrando todos los riesgos.

Así se hizo, no sin grandes pérdidas, y siendo perseguidos y acosados por las tropas aztecas. Fue una huida amarga y angustiosa, en la llamada *Noche Triste* de los españoles, que, diezmados, malheridos y desmoralizados, sólo intentaban alejarse lo más posible de Tenochtitlán para salvar sus vidas.

Pero una vez más, la fortuna iba a ser la gran aliada del español, incluso en circunstancias tan extremas y desesperadas. Llegados al valle de Otumba, donde les esperaban fuerzas infinitamente superiores en número, perfectamente ordenadas y dispuestas para exterminarles definitivamente, tuvieron que plantar cara al nuevo acoso.

Esta vez, Cortés y sus hombres comprendieron que, de no mediar un auténtico milagro, habían llegado a su final y nada ni nadie podría salvarles. Iba a morir hasta el último de ellos, aplastados por aquel ejército.

Y entonces, el milagro se produjo.

Fue algo con lo que Cortés no contaba, pero que uno de sus capitanes tuvo la fortuna de conseguir: derribaron al jefe militar azteca portador del estandarte que guiaba a sus fuerzas en las batallas.

Eso, en sí, no parecía tener gran importancia, porque no se trataba sino de un solo hombre abatido, al que el enemigo había arrebatado su estandarte.

Pero era tradición en el pueblo azteca —otra prueba evidente de aquel fatalismo que tanto daño les iba a causar— que si durante la batalla el estandarte propio caía en manos enemigas, significaba que estaban derrotados y que la batalla se había terminado.

Así, no es extraño que se diera la increíble paradoja de que un ejército de miles de mexicas, al verse desprovisto de su estandarte bélico, que ahora agitaba triunfalmente aquel español en su caballo, se retiraran en completo desorden frente a un reducido puñado de españoles maltrechos y virtualmente vencidos, dejando el campo libre.

Cortés, al darse cuenta de este asombroso giro de la suerte en su favor, hizo perseguir y exterminar a la mayor parte de sus enemigos en fuga, saliendo vencedor de Otumba, en el momento mismo en que había estado totalmente vencido.

Eso hizo que se rehicieran las tropas españolas que, de regreso a la costa, pidieron refuerzos mientras ellos construían unos bergantines que iban a ser transportados por prisioneros indios, a través de millas y millas de tierra, en dirección a Tenochtitlán, como fuerza naval de Hernán Cortés, dispuesto a volver a la capital azteca para apoderarse de ella en nombre de su emperador.

Ya reagrupados, reforzados y puestos a punto, los conquistadores iniciaron su marcha a través del país, uniéndose a ellos los pueblos enemigos de Tenochtitlán, y formando todos una fuerza poderosa, que al llegar a la capital iban a iniciar un asedio capaz de rendir a los defensores de la gran urbe sobre el lago. Los barcos trasladados a hombros iban a tener su parte decisiva, una vez puestos a flote en el gran lago que rodeaba la ciudad. El ataque por tierra y agua estaba a punto. Y Tenochtitlán, ahora dirigida por un joven rey, el que iba a ser el último de los aztecas, el bravo Cuauhtémoc, resistió firmemente el acoso, demostrando sus habitantes el valor temerario de que eran capaces y el heroísmo de sus guerreros y de sus ciudadanos frente al invasor.

Pero la suerte final estaba decantada ahora irremisiblemente, y más cuando el propio Cuauhtémoc fue hecho prisionero por las tropas de Cortés.

Tenochtitlán cayó en poder del español, convertida en un amasijo de ruinas y edificios destrozados o humeantes, tras su exasperada defensa. Aunque Cortés reedificaría luego la ciudad, ya nada sería igual. La antigua religión azteca fue liquidada por los medios más drásticos y brutales, e implantada a viva fuerza la nueva religión, la que los españoles decían que era «la única y la verdadera», la fe cristiana, que los nativos no acababan de entender bien.

Para sus mentes, en principio, no parecía tener mucha lógica que aquel Dios único, todo bondad y comprensión, del que hablaban sus invasores, hubiera sido capaz de permitir que su Hijo fuera muerto en una cruz en medio de horribles sufrimientos. ¿Por qué ese Dios tan poderoso y tan bondadoso no había hecho nada para salvarle?

Era difícil hacerles comprender eso. Y otras muchas cosas, referentes a la nueva religión que se les pretendía imponer por las buenas o por las malas.

Además, mientras Hernán Cortés gobernó en aquellas tierras, dentro de lo que cabía, el pueblo indio fue tratado con un cierto respeto y no se cometieron demasiados desmanes. Pero las intrigas, envidias y enemistades de sus propios compatriotas españoles minaron su autoridad y el extremeño fue llamado a España, para que allí le sustituyera un grupo de cinco administradores o gobernantes, nombrados por el rey de España, y que fue conocido como la Primera Audiencia.

Ese grupo distó mucho de hacer bien las cosas, sobre todo para los indios nativos. Se cometieron abusos sin cuento, aparte de que al parecer tampoco aquellos administradores se cuidaban demasiado bien de las finanzas ni de llevar las cuentas demasiado claras.

Tal vez por ello, el emperador procedió a enviar desde España a un obispo que, con los máximos poderes, se hiciera cargo de la situación y pusiera las cosas en su sitio. El elegido para esa tarea fue el prior del monasterio de Abrojo, un franciscano español, de nombre Zumárraga, quien en 1528 sería nombrado primer obispo del Nuevo Mundo. Su punto de destino fue México, y el franciscano lo primero que hizo fue enfrentarse a los miembros de la Primera Audiencia y prohibirles, por orden expresa de Carlos V, todo trato ignominioso y despótico con los naturales del país, hasta entonces oprimidos y expoliados indignamente por aquel grupo de nefastos administradores reales.

Zumárraga, aparte ese enfrentamiento con las autoridades administrativas y políticas, siempre en defensa del pueblo indio, al que intentó colonizar lentamente dentro de las doctrinas de la fe, inició con ellos sus tareas de evangelización.

Otros evangelizadores llegaron para apoyar al franciscano, y oponerse con todas sus fuerzas a las opiniones racistas de los miembros de la Primera Audiencia, cuyo cabecilla, don Nuño Beltrán de Guzmán, llegó a sostener la tesis de que los indios «eran seres sin alma», que no merecían otro trato. Los religiosos protestaron vivamente, sosteniendo una teoría totalmente opuesta. Para ellos, los naturales del país eran personas educadas en unas doctrinas politeístas, fruto de una civilización anterior, y en su actual confusión debían ser orientados, hacerles comprender que ellos, como todo ser humano, eran hijos de Dios y, por tanto, merecedores del bautismo y de la integración en la doctrina cristiana.

Era una pugna difícil la de los religiosos contra los miembros de la Audiencia, y éstos parecían llevar las de ganar, pese a la energía y voluntad de Zumárraga y sus compañeros por cortar de una vez por todas la tiranía y caciquismo de aquel grupo encabezado por Guzmán, quien, no satisfecho con oprimir y humillar al pueblo nativo, procedió a iniciar una auténtica persecución religiosa contra Zumárraga y los suyos.

El nuevo obispo se veía superado por las circunstancias, ya que era difícil, por no decir imposible, hacer llegar al emperador noticias de aquel estado de cosas, ya que Beltrán de Guzmán y sus esbirros se cuidaban mucho de fiscalizar y censurar todo posible mensaje enviado a España por los religiosos, y empezaba a ser desoladora la posición de los evangelizadores en aquel ambiente tan hostil contra ellos.

Pero Zumárraga era hombre inteligente y de gran astucia. Supo engañar a sus adversarios y burlar sus medidas de censura y control con una ingeniosa añagaza. Dentro de un crucifijo hueco, envió al emperador un documento relatándole lo que sucedía en aquellas nuevas tierras de su Imperio.

Carlos V montó en cólera al leer ese mensaje del antiguo prior y destituyó a todos los miembros de la Audiencia, incluido naturalmente don Nuño, y nombró una Segunda Audiencia. Como esa nueva Audiencia iba a tardar algún tiempo en llegar y don Nuño y su gente seguían maltratando u ofendiendo a los naturales del país, el peligro de una insurrección general aumentaba por momentos.

El obispo Zumárraga se dio cuenta de lo delicado de la situación, que, dado su cariz, podía desembocar en un auténtico baño de sangre, y ante la imposibilidad de hacer otra cosa se encomendó a la Virgen María, en concreto, suplicando a la Madre del Hijo de Dios que hiciera todo lo posible por evitar la confrontación entre aquellas pobres gentes maltratadas y las fuerzas españolas que ocupaban el país. Zumárraga estaba seguro de que los pocos españoles residentes allí serían fácilmente exterminados en una revuelta general, pero también muchos otros inocentes nativos encontrarían la muerte en ese peligroso enfrentamiento, que parecía punto menos que inevitable, pues a tal extremo habían llegado las cosas.

En realidad, el obispo Zumárraga, llegado a ese punto, confiaba muy poco en los hombres y mucho en Dios. Tal vez por eso esperaba que sus plegarias, cuando menos, tuvieran una respuesta positiva, que diera un resquicio a la esperanza.

Confiaba más en su fe que en sus poderes del emperador para tratar de resolver el dilema. El problema para él estaba en que Dios le escuchara y le tendiera una mano. Que las cosas se resolvieran y que una posible y estúpida matanza fuera frenada.

¿Le escucharían sus plegarias?

Al parece, así fue. Al menos, la Virgen pareció escucharlas. Y su respuesta no se iba a hacer esperar.

* * *

La gran Tenochtitlán había caído en poder de los españoles en 1521. Hacía, por tanto, muy poco tiempo de la caída del imperio azteca, y en consecuencia de sus propias creencias religiosas, como para pensar que aquellos que durante tanto tiempo alimentaran una fe politeísta hacia las divinidades tradicionales de su raza y de su mundo, pudieran fácilmente desprenderse de tales hábitos para aceptar a pies juntillas una nueva fe que poco o nada tenía que ver con la suya.

Tal vez por eso, los militares españoles optaron por una posición ambigua en cuanto a la evangelización de los pueblos nativos, optando por la posibilidad de irles convirtiendo a la fe cristiana de un modo lento, pausado, que les permitiera sufrir esa transición religiosa de un modo razonable.

Por contra, hay que admitir que los religiosos llegados de España en misión evangelizadora querían que ese cambio se produjera de inmediato y sin demoras, no dudando en calificar sus creencias como algo demoníaco, y a sus ídolos poco menos que como auténticos seres maléficos y perversos, mientras que ellos traían la verdadera religión, que su Dios era el único y verdadero y que su fe era la salvadora del alma humana.

Resulta natural que todo eso chocara con la educación de siglos de los naturales de aquellas tierras, que habían aprendido a amar y respetar a sus dioses, a veces hasta extremos incluso fanáticos, como en el caso de las ofrendas humanas, en forma de sanguinarios sacrificios que enrojecían los escalones de los templos de Tenochtitlán.

Así, no resulta extraño que, ante la insistencia apremiante de los frailes españoles, muchos fueran los indígenas que dudaran, mucho más los que se negaban a abrazar esa nueva creencia, y casi todos ellos se sintieran confusos y desorientados ante algo que no acababan de comprender, pero que les obligaban a aceptar quisieran o no.

Algunos de los evangelizadores llegados de España eran comprensivos con el problema que las nuevas enseñanzas suponía para unas mente sencillas, enseñadas a creencias muy distintas, y procuraban actuar comedidamente, sin prisas, en su labor de conversión del pueblo mexica. Pero otros, llevados de su ardor religioso unas veces y de su propia soberbia dominante en otras, llevaban demasiado lejos sus intenciones, procurando que los nativos fueran lo antes posible bautizados y convertidos a la nueva fe.

Fueron algunos de estos últimos los que cometieron el grave e imperdonable error de rechazar de plano la posición de algunos sacerdotes aztecas, empeñados en mantener su propia fe en los dioses por encima de todo, y desafiaron a las autoridades españolas con una postura de fuerza, sosteniendo que «puesto que los dioses habían muerto, querían morir con ellos».

Ante esa postura combativa, ciertos eclesiásticos españoles apoyados por algunos dirigentes militares y políticos tan intolerantes como ellos, no dudaron en condenar a morir a los sacerdotes aztecas recalcitrantes, y les arrojaron a los perros salvajes, muriendo atrozmente despedazados.

Este lamentable suceso, más que despertar en los pueblos indios un mayor interés por aquella religión que se les imponía, les sumergió en un mar de dudas, incomprensibles y recelos. ¿Cómo era posible que quienes venían pregonando la caridad cristiana, la generosidad de su Dios y el amor de los santos, cometieran una atrocidad semejante con otros seres humanos? ¿Dónde estaba aquello que habían oído repetir a muchos religiosos, de que alguien dijo una vez «amaos los unos a los otros, como yo a vosotros os he amado», o aquello otro de que «Dios era infinita misericordia»?

Había razones sobradas para que los ingenuos y sencillos habitantes de las nuevas tierras conquistadas para el Imperio tuvieran sus dudas respecto a la bondad y la sinceridad de los nuevos postulados religiosos que se les pretendía imponer como la auténtica verdad que había de hacerles libres.

Por ello no es extraño que el clima de incertidumbre que rodeaba la expansión del cristianismo fuera el peor enemigo de los evangelizadores, y que en muchas ocasiones éstos tropezaran con obstáculos casi insalvables en su peregrinaje conversor.

En momentos tan difíciles para esa evangelización, fue cuando iba a ocurrir algo que allanaría el camino de quienes propugnaban la verdad de Cristo y la fe en el único Dios. Sólo diez años después de la caída de Tenochtitlán y el principio del fin para el gran imperio azteca, iba a tener lugar el acontecimiento único, capaz de aglutinar por fin, al margen de todos los esfuerzos personales de los propios religiosos y frailes españoles, a todo un gran pueblo incrédulo en una amplia parte de sí mismo, de la Verdad pronunciada por la voz de los evangelizadores.

Y ese algo nada tendría que ver con el hombre en sí, sino con la presencia en el mundo material de alguien a quien más quien menos había visto en simples imágenes trasladadas a sus antiguos templos para sustituir a los viejos ídolos.

Iba a ser ella, la Señora, la propia Virgen, la que había de venir entre ellos, para con su presencia convencer a todo un pueblo en gran parte incrédulo.

La oración del obispo Zumárraga había sido sin duda oída. Y ésa era la respuesta.

Una respuesta que tenía que tener lugar ante alguien, ante un hombre cualquiera de aquel pueblo, de aquellas gentes, de aquella raza tanto tiempo humillada y sometida por el invasor.

La Virgen eligió a ese hombre.

Y ese hombre, precisamente, fue el catalizador de la nueva fe, el crisol para las almas de todo un pueblo, de una nación, de un mundo que, alumbrado por aquella divina luz, iba al fin a abrir los ojos a aquella Verdad que el obispo Zumárraga les anunciara con anterioridad, como un nuevo profeta que intuyera en lo más profundo de su persona lo que iba a suceder un día.

Lo que nadie podía saber entonces era quién sería el vehículo elegido, el testigo seleccionado, el portavoz definitivo de aquel milagro que iba a transformar para siempre a todo México.

Ese hombre era el más sencillo entre los sencillos, el más insignificante entre los insignificantes, porque así lo quería Dios y así lo confirmó la Virgen con su presencia.

Ese hombre había nacido en pleno auge del gran imperio azteca, durante el reinado de Moctezuma I, de nombre completo Moctezuma Ilhuicamina, muchos años antes de que el otro Moctezuma entregara sin querer todo el poderío y la grandeza de su imperio a un extranjero al que confundió con un dios.

Los datos sobre él no pueden tener en cuanto a fechas una certeza absoluta, ya que los datos son forzosamente inciertos, pero se ha aceptado de hecho que el año de nacimiento de aquel hombre fue el de 1474, y que su nombre de entonces era el de Cuauhtlactoatzin, que podríamos traducir del azteca por «Águila que habla».

Ese hombre, el sencillo y desconocido anónimo Cuauhtlactoatzin, era precisamente el elegido.

Él, con su nombre ya cristiano de Juan Diego, iba a ser el privilegiado que vería a la Virgen, que hablaría con ella, dando así origen a la Virgen de Guadalupe, Patrona de México.

* * *

Se sabe que el joven Cuauhtlactoatzin se educó cuando gobernaba Tenochtitlán el rey Tízoc, o «Pierna enferma», el que sería más efímero de todos los gobernantes aztecas, con sólo cuatro años de mandato, y del que se ha asegurado que pudo haber muerto asesinado, ante sus pobres aptitudes para sus obligaciones militares al mando de aquel pueblo eminentemente guerrero.

Aunque se dedicó especialmente a la agricultura como un campesino más de aquel pueblo agrícola, lo cierto es que también tuvo que cumplir sus tareas militares, como era obligado en una raza eminentemente luchadora y conquistadora de tierras y de pueblos a los que solía someter a su mandato, a veces de forma tan dura y tiránica, que luego, llegado el momento de la conquista, sería un arma de doble filo para Tenochtitlán, y muchos de esos pueblos serían los que se unirían a los extranjeros en su afán por vengarse de la actitud de los aztecas para con ellos.

Fue también de joven testigo de grandes acontecimientos de su pueblo, como la construcción del gran templo de Huitzilopochtli, y posteriormente contrajo matrimonio con una mujer de la que siempre estuvo profundamente enamorado, existiendo muchas dudas sobre la fecha de su boda, que se fija en 1494 o en 1496, según las fuentes.

El nombre de la mujer elegida por el joven era el de Malintzin, y se sabe de ella que era de noble alcurnia en la sociedad azteca de su tiempo.

Otras versiones, menos fiables, aseguran que él fue siempre célibe y no llegó a tener esposa alguna, mientras hay quienes aseguran que, pese a contraer matrimonio, nunca tuvo relaciones sexuales con su mujer y, por tanto, el matrimonio como tal no llegó jamás a consumarse realmente. Pero todo esto no dejan de ser sino lucubraciones que jamás se han podido demostrar.

Según parece, el joven, aunque posteriormente sería solamente un sencillo, humilde y pobre indio, durante la grandeza de los aztecas tuvo buena educación, era de buena familia y poseía negocios propios en Tenochtitlán, aparte de una preparación excelente en todos los sentidos. Es posible que así fuera, pero siguen existiendo lagunas y controversias sobre muchos puntos de su vida en aquel período juvenil, muy anterior al que estaba destinado a vivir como hombre santo.

Se ha barajado incluso la posibilidad de que el joven tuviera relación directa y personal con Moctezuma II, a quien habría intentado disuadir de que continuaran los sacrificios humanos, puesto que según él ningún dios podía ver con buenos ojos el derramamiento de un ser humano como ofrenda hecha a su divinidad. Si eso fuera cierto, tendríamos a un futuro Juan Diego de alta estirpe dentro de la capital azteca, y de un nivel social muy alto dentro de la corte de Moctezuma, como para llegar a dar consejos al emperador de Tenochtitlán.

Todas esas especulaciones han sido negadas o puestas en duda por muchos historiadores, que creen más bien que el joven Cuauhtlactoatzin no era ningún noble de gran cultura y de influencia sobre el emperador, sino, todo lo contrario, un joven humilde, sencillo y de escasa cultura y preparación, más bien un miembro de las clases bajas aztecas.

Tenemos, por tanto, que el pasado de nuestro personaje muestra más lagunas que otra cosa, y muchos puntos oscuros y controvertidos, que nos convencen de que nadie, o casi nadie, puede señalar a ciencia cierta cuál es la realidad sobre ese punto.

Si recurrimos a una obra aparentemente fiable, como es el *Nican Mopohua* (traducible por «Aquí se narra»), uno de los documentos más antiguos que se conocen de todos aquellos que tratan de las apariciones de la Virgen, nos encontraremos con que en él se sostiene al joven azteca como alguien que no tenía categoría especial alguna, que no era sacerdote, ni mercader, ni soldado, ni nada conocido.

Este documento está escrito en lengua náhuatl —azteca—, y se le atribuye a un indio llamado Antonio Valeriano, alumno del Colegio de la Santa Cruz de Tlatelolco, nacido en 1520 y fallecido en 1605. Si nos fiamos de él, vemos que el joven era, simplemente, un campesino azteca, dueño de un pequeño terreno que él mismo cultivaba, y no el joven culto e influyente de que nos hablan otras informaciones.

Sobre el tema, por tanto, hemos de decir que está abierto a todas las hipótesis, aunque lo que realmente cuente de este hombre no sea su pasado como súbdito del imperio azteca, sino su futuro como elegido para algo tan excepcional.

Tras la caída de Tenochtitlán y el dominio extranjero en su país, es cuando llegaría el momento definitivo de que el joven y su esposa dieran un giro radical a sus vidas, desde el momento mismo en que abrieron sus ojos a la nueva evangelización y escucharan la palabra de los misioneros españoles.

Algo en esas nuevas creencias debió ver el muchacho, que le hizo interesarse por la nueva fe que les era ofrecida por los conquistadores, y no mantuvo, como otros, una actitud decididamente hostil o negativa hacia aquellos postulados cristianos.

Por el contrario, poco a poco se fue abriendo en su corazón algo nuevo, que le hacía ver a aquel Dios único que le era mencionado como el que llenaba sus apetencias de fe y de esperanza.

Entonces, un día, decidió bautizarse cristianamente, junto con su esposa, Malintzin.

De aquel bautismo iban a salir con dos nuevos nombres, adecuados a su nueva condición de cristianos.

Ella se iba a llamar, desde ese día, María Lucía. Él, Juan Diego.

No podían saberlo, ni siquiera sospecharlo. Para ellos, simplemente, había sido un cambio de fe, una aceptación de la nueva religión traída por los extranjeros.

Pero aquel cambio iba a ser más, mucho más.

Sobre todo para Juan Diego.

Capítulo II

— Juan Diego —

Ya hemos visto los antecedentes del hecho milagroso y de su protagonista principal, que no son otros que el México de su tiempo, antes de que el hecho tuviera lugar. El México del gran imperio azteca, el México de la llegada de los conquistadores, el México de la conquista y, en consecuencia, la gran derrota de Tenochtitlán y la destrucción del mundo y la cultura aztecas. En suma, el México que surgió de todo eso, el que iba a vivir directamente el prodigio, era un México sojuzgado por el invasor, un país con su pueblo indígena reducido a la explotación y a la humillación por parte de los vencedores.

Ese México era el antecedente más directo de nuestro personaje y de su vida inmediata y futura, tan distinta a la que había sido hasta entonces, desde que naciera en pleno auge de su pueblo mexica y fuera llamado Cuauhtlactoatzin.

Ahora, ese indio nativo era Juan Diego, desde su bautismo en la iglesia de Cuautitlán, junto a su esposa, ahora llamada María Lucía. En la familia no eran ellos dos solos los que adquirían así condición de cristianos y católicos. También un tío suyo era bautizado por entonces, siéndole dado el nombre de Juan Bernardino.

El tío de Juan Diego había tenido un importante papel en la vida del muchacho, ya que éste se quedó huérfano siendo muy niño y tuvo que vivir con su tío, quien le crió e hizo hombre con el mismo amor y dedicación con que lo hubiera podido hacer un padre.

Por tanto, entre ellos había lazos de cariño mucho más fuertes que los habituales entre tío y sobrino. Mientras vivió con aquel tío suyo, residió en Tolpetlac, a varios kilómetros de Cuautitlán, en dirección sur.

Pero ahora, ya casado, Juan Diego había trasladado su residencia a Cuautitlán, donde tenía su vivienda. Vivienda que no era sino una humildísima choza, edificada a base de adobe, como casi todas las de sus vecinos, con una techumbre de paja.

Todo esto parece confirmar la tesis de que, en realidad, Juan Diego fue siempre hombre de extracción humilde y de vida sencilla y más bien pobre, dedicado por entero a tareas agrícolas, y no da la imagen de aquel azteca culto, refinado y hasta cercano al emperador Moctezuma, mezclado con la nobleza de Tenochtitlán, de que nos hablan otras versiones de su vida.

Sea como sea, y aunque se diga que los profundos cambios en la vida de los nativos habían podido ser causa de su actual pobreza, tras la victoria de los extranjeros, no parece nada probable que un hombre de casta superior llegara a esos extremos de necesidad y de estrecheces. Por ello, nosotros nos quedamos con la versión de que Juan Diego siempre fue lo que en ese momento era: un simple campesino, honrado, sencillo y humilde, ya mandara en México el todopoderoso señor azteca, el *huey tatloani* de la gran Tenochtitlán, ya fueran los representantes del emperador Carlos V de España.

Equivocada o no esta suposición nuestra, debemos admitir que, en aquel presente en que iba a tener lugar el magno acontecimiento de su vida —y de las vidas de tantos y tantos millones de compatriotas suyos—, Juan Diego era el que era, y eso es lo que cuenta.

Era tan devoto de su fe, que no dudaba en recorrer, junto con su esposa, los veintitantos kilómetros que le separaban de la iglesia en la que poder asistir a misa. Allí escuchaban ambos la palabra de Dios por boca de los religiosos españoles que impartían las nuevas doctrinas, sin importarles el esfuerzo que suponía para una gente trabajadora, agotada por el esfuerzo cotidiano, aquel sacrificio de cubrir tal distancia para cumplir con sus obligaciones cristianas.

Es de suponer que esa nueva fe, sin embargo, era un gran lenitivo para Juan Diego, quien siempre había estado contra los sacrificios humanos y los rituales sangrientos de los sacerdotes aztecas, incluso cuando profesaba la fe de su pueblo original hacia los dioses adorados por su raza y su cultura.

Se cuenta, en el antes citado documento de finales del siglo XVI en lengua náhuatl, el *Nican Mopohua,* que fue el fraile español fray Toribio de Benavente, llamado «el pobre» por los indios, quien dio el bautismo al matrimonio de Juan Diego y María Lucía.

Esa pareja que tanto se amaba iba a ser disuelta desgraciadamente bien pronto, para pena y dolor del infortunado Juan Diego. Una enfermedad se llevó a María Lucía, quien dejó de existir en 1529. Al verse solo, sin la compañía del ser a quien más amaba, Juan Diego se sintió tan profundamente desorientado que, en principio, ni siquiera supo qué hacer, y hasta perdió las ganas del campo y su otra labor de tejer con cañas cortadas de cercanos cañaverales.

Finalmente, tomó la decisión de volver junto a su tío Juan Bernandino, regresando así a Tolpetlac, situado además muy cerca de la iglesia de Tlatelolco, donde buscaba refugio a sus penas y consuelo para su dolor por la pérdida de la mujer amada.

Como si ella viviera todavía, no faltaba a su costumbre de ir a misa, teniendo que levantarse muy pronto, casi de noche, para emprender el largo camino hasta donde poder oír misa y recibir la comunión, ya que era tan notoria su fe cristiana en la región, que el propio obispo le había concedido el privilegio especial de poder comulgar tres veces por semana.

Todo, pues, nos habla de un Juan Diego no sólo creyente, sino sacrificado, constante y sincero, que se entregaba por completo a su Dios y a sus deberes cristianos, y de quien todos sus vecinos, amigos o simplemente conocidos, no podían sino hablar bien, elogiando sus virtudes como persona, que eran muchas.

Era un largo camino el suyo hasta el templo, y por tierras abruptas y duras, que hacían aún más loable y meritorio el esfuerzo. Para un hombre como él, que seguía dedicándose a la agricultura como antes, alternando esas tareas campesinas con la caza de venados, esa tarea debía representar un enorme sacrificio y un cansancio físico que le hacía merecedor de cualquier suerte especial.

Tan merecedor, que esa suerte tan digna iba a llegarle de la forma que él menos esperaba en este mundo.

Para ir a atender sus deberes cristianos en la iglesia y poder oír misa, esa larga y dura caminata le hacía pasar siempre por un lugar llamado Tepeyac, donde se alzaba un cerro por el que él solía atajar en su camino, pasando justamente al lado de la elevación del terreno hacia su cima.

Era un sitio que conocía bien, habitual en sus caminatas a la iglesia, y en el que nunca había visto nada especial ni fuera de lo común, por lo que aquel pequeño cerro no era sino un hito más en su camino de siempre, sin nada que le hiciera destacar del resto, a no ser precisamente su elevación en suave pendiente.

Ese pequeño cerro era el que estaba destinado, precisamente, a ofrecerle a nuestro humilde personaje la magna ocasión de su vida, el imborrable momento que había de dejar la más profunda de las huellas en él, y el que había de cambiar el rumbo de los acontecimientos en todo México hasta extremos inimaginables en aquel momento.

Hagamos un poco de historia antes de llegar al mágico instante que llevaría a Juan Diego al momento supremo de toda su existencia.

Todas las naciones conquistadas por los españoles en el Nuevo Mundo habían sido puestas, por norma de los conquistadores, bajo la invocación y protección de la Santísima Virgen María. Aun enfrentándose a una nueva creencia que los nativos desconocían por completo, y de la que en muchas ocasiones, o no se fiaban o no acababan de entenderla, el simple nombre y presencia de la Señora sí lograba despertar, aun en los menos creyentes y los más escépticos, como mínimo un sentimiento de respeto, ese respeto que siempre se ha manifestado en todas las creencias y religiones del mundo a una Mujer Santa, a una Mujer que tal vez desde el principio de los tiempos había simbolizado para el hombre a la Madre Tierra.

En este caso concreto, el del cristianismo y del catolicismo en particular, la mención y veneración a la Santísima Virgen fue, pues, lo mejor acogido de la nueva fe, y todos tácitamente aceptaron aquel principio como un dogma nuevo para ellos, pero respetado por todos.

Eso, que de por sí ya era un prodigio en un pueblo que poco antes venerara a diversas deidades que nada tenían que ver con la Virgen anunciada por los evangelizadores extranjeros, fue como un leve lazo inicial que unió a los pueblos indios en una creencia que posiblemente ni ellos mismos acababan de comprender en ese momento.

Pero que, sin embargo, iba a hacérseles no sólo comprensible, sino a mostrárseles como prueba fehaciente de que la Señora a la que de buen grado habían aceptado, estaba dispuesta a proteger a aquellos seres buenos, sencillos y humildes que habían confiado y creído en Ella.

Además, la fecha elegida iba a ser muy concreta y significativa, puesto que el milagro iba a tener lugar un día 9 de diciembre de 1531, precisamente la fecha en que se celebraba la fiesta de la Inmaculada Concepción de la Santísima Virgen, razón por la cual el bueno de Juan Diego se levantó antes de la cama, inquieto e impaciente como nunca por cumplir con sus deberes de costumbre, para llegar lo antes posible al templo. Al parecer, era ésta una fiesta que le causaba una emoción muy especial, no sólo en esta ocasión en concreto, sino todos los años desde que abrazara la fe cristiana.

Quizá esta vez, sin embargo, su emoción y su impaciencia tuvieron un algo de premonitorio, sin él saberlo, puesto que parece ser que apenas pudo dormir esa noche, esperando la hora de levantarse con una excitación superior a la de otras ocasiones.

En efecto, todo siguió su cauce normal en cada momento, como otro día cualquiera, desde el instante de ponerse en pie e iniciar la habitual caminata, hasta el de su llegada al pie del cerro del Tepeyac, ya mencionado antes.

Todo normal, pues. Todo normal, justo hasta ese preciso momento, en el que ya nada iba a ser normal ni habitual. A partir de entonces, justamente de entonces, todo iba a cambiar.

Todo. Para Juan Diego, para el pueblo indígena mexicano. Para México en su totalidad.

Pero eso él, cuando arribaba a la suave ondulación del cerro del Tepeyac, aún no lo sabía. Tal vez ni lo presagiaba siquiera, pese a su peculiar nerviosismo e inquietud de aquel día.

Era demasiado grande, demasiado trascendente lo que le aguardaba allí, en aquel cerro, como para que ni él ni nadie pudiera llegar a sospecharlo, ni siquiera presentirlo.

* * *

A partir de este momento, entra lo que ha sido motivo de controversia durante siglos, fuera y dentro de la propia Iglesia; con que no digamos ya en los círculos no católicos, y menos aún en los no cristianos.

Entramos en un período de la Historia que para unos es simple tradición, para otros algo puramente visionario, y para muchísimos más, por suerte, una creencia firme en los designios divinos que hicieron posible el hecho.

Pero la controversia nunca dejará de existir, ni siquiera en el propio seno de la Iglesia católica, donde encontramos sin dificultad numerosos ejemplos de personalidades que ponen en duda, no ya el hecho milagroso en sí, sino incluso sus circunstancias exactas, y hasta la persona de Juan Diego, que para unos fue un farsante, para otros un visionario que deliraba y para algunos, incluso, como ya hemos mencionado en su momento, alguien que ni siquiera llegó a existir, pese a las pruebas y evidencias que de la existencia y vida del indio Juan Diego existen, por completo irrefutables.

Resulta comprensible la discusión y la falta de acuerdo. Aún siguen en pie teorías peregrinas, presuntos razonamientos científicos incluso, que niegan rotundamente que Bernadette viera en Lourdes a la Virgen, o que los pastores lusitanos hallaran ante sí a la Señora de Fátima.

Para esos exégetas, bien pudo ser todo fruto de la imaginación y del fanatismo de los que creyeron hallarse ante la aparición divina. ¿Posible? Todo es posible en el mundo, ciertamente, y hay que aceptarlo si se tiene fe, o no aceptarlo si no se tiene; así de sencilla es la cosa.

Del mismo modo cabe aceptar los hechos de los apóstoles, en todo caso, como de hecho ya ha ocurrido en infinidad de ocasiones, e incluso comprender que existan otras versiones que la Iglesia no admite en absoluto, como un presunto Evangelio escrito por el propio Jesucristo —que según algunos existe en alguna parte—, o la existencia de unos restos humanos que se dice pudieron pertenecer al Salvador, intentando así arruinar el dogma cristiano de la Resurrección y la subida a los cielos.

Hemos de aceptar todas las posibilidades, puesto que estamos manejando datos que nos fueron proporcionados por personas muy distantes en el tiempo, y de cuya autoría incluso se ha llegado a dudar, pues, según algunos estudiosos recientes, no todos los Evangelios fueron obra directa de los apóstoles que los firman, sino tradición oral que alguien, muchos años más tarde, trasladó al papel en forma de Sagradas Escrituras.

No es nuestra labor en ningún caso ni negar nada ni hacer proselitismo. Estamos aquí para narrar unos hechos que han sido tácitamente aceptados desde un principio y que, tradiciones aparte, tienen todos los visos de ser ciertos, por una serie de razones que sería prolijo enumerar, pero de las que sí podemos citar algunas, a guisa de ejemplo.

Tenemos primero al propio Juan Diego. Fiel creyente, sí, pero que nunca dio pruebas de visionario ni de imaginar cosas. Era hombre sencillo, de no muy fértil imaginación, y que oraba o cumplía sus deberes religiosos como uno más. Era sacrificado y devoto, por supuesto, pero nadie le oyó nunca hablar de nada ilusorio ni de nada sobrenatural o prodigioso, justamente hasta aquel día.

Tenemos toda una serie de visiones y de charlas con la Virgen, difíciles de aceptar como simple producto de la imaginación o de la inventiva de Juan Diego, porque no eran ésas su fuerte, como sabemos. Un sencillo campesino no se inventa fácilmente ciertas cosas.

Y, finalmente, existe una prueba tangible. ¿Discutida? Por supuesto, faltaría más. ¿Cómo no discutir la existencia de una prueba evidente, cuando se discute o niega todo lo demás? Recordemos lo ya mencionado antes sobre la Sábana Santa de Turín.

Se sabe que es una sábana de hace veinte siglos, científicamente comprobado al examinar por los métodos más modernos su textura, composición y forma de tejido. Se sabe que hay en ella una figura sorprendentemente parecida a la que todos tenemos de Jesucristo, y que aparece *impresa* en el tejido, por medios no naturales, y menos aún en su tiempo. Y con eso, y con muchos detalles más, se sigue negando su autenticidad o, como mínimo, poniéndola en duda.

¿Qué se puede esperar, entonces, de la prenda de Juan Diego donde está impresa la imagen de la Virgen?

Sabemos que es una humilde prenda suya, de las que entonces llevaban los indios mexicanos, una tilma o ayate del tejido de su tiempo, donde aparece claramente impresa la Virgen de Guadalupe.

De su examen, por todos los medios científicos conocidos, se ha sacado la conclusión de que en modo alguno puede ser obra de un pintor o un artista de la imagen, y menos con los medios de la época.

Como veremos con más detalle y documentación en su momento, no es una pintura, por tanto, ni nada parecido. No se puede explicar la forma en que pudo ser impresa la imagen de la tela, y aunque posteriormente parece ser que dicha imagen ha sido retocada por artistas y pintores posteriores, los retoques son fácilmente apreciables y los revelan sin lugar a dudas los actuales procedimientos de la ciencia. Es «lo otro», la imagen en sí, lo que no tiene explicación racional alguna.

Pero la Virgen está ahí, en esa tela. Es la imagen venerada por millones de fieles, por todo el pueblo mexicano e incluso por millones de viajeros de todo el mundo que visitan México. Es la imagen de Nuestra Señora de Guadalupe, la cariñosamente llamada por los naturales «nuestra Virgencita guadalupana».

Por tanto, sin entrar ni salir en cuestiones de dogma ni en posturas favorables o desfavorables al suceso, sigamos relatando la historia de Juan Diego, que es, a la vez, la historia de unas apariciones milagrosas y, con todo ello, la historia misma de toda la fe de un pueblo entero.

* * *

El *Nican Mopohua* que hemos mencionado en varias ocasiones es la única obra escrita que trata del hecho, de Juan Diego y de todo cuanto a partir de ese día aconteció en la vida del sencillo indio, a partir de la primera aparición el 9 de diciembre de 1531.

Antonio Valeriano, su autor, indio como Juan Diego, discípulo de fray Bernardino de Sahagún, fue quien escribió realmente los hechos que habrían de conducir andando los siglos a Juan Diego hacia la santidad. Pero hay quien afirma que el propio Antonio Valeriano, como cualquier apóstol del Señor, escribió su obra inculcado por la inspiración misma de Dios, que tal vez iluminó su mente y su mano para que dejara escrito, en lengua azteca, el prodigio vivido por Juan Diego. Del mismo modo, en todo caso, que esa misma divina voluntad querría que la tilma de Juan Diego recibiera la imagen de la Virgen, como una evidencia para los incrédulos, o como un motivo de veneración para los que creían.

Según el escrito, que es el único que deja constancia concreta de todos los hechos, ese día de diciembre era el señalado para que Juan Diego viviera su primera experiencia en aquel cerro, frente a frente con la Santísima Virgen.

De esta obra se han hecho traducciones a diversos idiomas, y muchos escritores ilustres, entre ellos varios españoles, califican la obra de una verdadera joya literaria, escrita con humanidad y con un estilo minucioso y casi poético que es un deleite para los sentidos. La lengua utilizada, el *náhuatl*, o idioma del pueblo azteca, resulta dúctil, sensible y dulce para mencionar todos los acontecimientos, y en el relato de los mismos nunca se advierte ningún fanatismo ni obsesión religiosa, sino una apacible y suave forma de narrar, que parece provenir de una inspiración superior.

Y como en realidad no disponemos de otra fuente más fiable para seguir la vida de Juan Diego que el propio *Nican Mopohua*, a él vamos a tener que recurrir muchas veces como fuente de datos, como testimonio histórico y como documento valioso de lo que vivió Juan Diego, siguiendo ese relato como quien sigue la vida de Jesús a través de uno de sus evangelistas.

Las apariciones de Nuestra Señora de Guadalupe son la clave y el nudo de toda esta historia, de la persona y la huella que pudo dejar Juan Diego de su paso por el mundo, ya que a fin de cuentas fue él quien resultó elegido, y no otro.

Dios eligió bien, sin duda, porque si alguien merecía ese altísimo honor, ese alguien era el bueno de Juan Diego, indio noble, creyente fiel, amante esposo lacerado por la pérdida del ser querido, leal al recuerdo de ese ser hasta la muerte, y entregado, sobre todas las cosas, a su culto a Dios y a la Santísima Virgen, madre del Salvador.

Por todo ello, aquel amanecer del 9 de diciembre de 1531, poco más de diez años de cumplida la desaparición de su pueblo y de su gente azteca a manos de los conquistadores, mientras Juan Diego llegaba al cerro del Tepeyac como cada día de culto al Señor, estaba a punto de vivir la primera gran experiencia de su nueva vida. Los designios divinos iban a cumplirse en él, que nada esperaba, salvo ser un fiel creyente respetuoso de Dios, y que sin embargo, sin él saberlo, ni imaginarlo siquiera, había sido el elegido para el prodigioso acontecimiento.

Algo le esperaba en aquel cerro. Alguien aguardaba la llegada de Juan Diego al lugar. Y ese alguien era quien menos podía imaginarse el humilde indígena de Tolpetlac.

La Virgen esperaba a quien había escogido para dejarse ver por los hombres en aquella tierra tan dolorida y sufrida durante años enteros.

La Virgen iba a aparecerse, al fin, ante el indito Juan Diego.

Capítulo III

— Las apariciones —

LAS apariciones iban a ser cuatro. No se trataba de una sola presencia, de un acto aislado. No. La Virgen se aparecería ante Juan Diego en cuatro ocasiones, separadas entre sí por muy breves espacios de tiempo. Tan breves, que en sólo cinco días iban a producirse esas cuatro presencias de la Madre del Mesías ante el anónimo ser elegido para el milagro.

Aquella primera vez ya sabemos que iba a ser el 9 de diciembre, precisamente festividad de la Inmaculada Concepción. Era como un presagio de lo que había de suceder.

Porque lo que Dios haya dispuesto no ocurre nunca por casualidad o por azar. Ocurre porque es Su designio, y eso basta. Así debió ser una vez más, cuando el Cielo decidió escoger de entre todos los indios sufridos, sencillos y humildes del país, que eran muchos, a uno en concreto, que era Juan Diego.

¿Por su fe profunda, por su condición de hombre devoto, reservado, incluso místico, aun antes de su conversión a la fe cristiana? ¿Por su espíritu de sacrificio y su honestidad, por la pureza de su alma, por ser quien era, simplemente, y por representar, sin saberlo, todas las virtudes de su raza, de su pueblo, de sus gentes?

En todo caso, el elegido había sido él. Y ello se demostró a lo largo de aquellos días de diciembre de 1531, en que hasta en cuatro ocasiones iba a poder ver a la Virgen, hablar con ella, oír su voz, sentir su olor a flores y a santidad, a divinidad y a cuanto hablaba de la grandeza de Dios.

Sobre esas cuatro apariciones se ha hablado después mucho a lo largo de los tiempos y de los estudios hechos sobre el tema. Si una sola aparición divina se pone en duda, ¿qué decir nada menos que de cuatro de ellas, casi continuadas?

Pues lo natural en estos casos. Que las dudas, objeciones y negaciones prosperan con gran facilidad, y son muchos los que ponen en duda no ya el hecho en sí, sino la circunstancia extraordinaria de que tan trascendental acontecimiento llegue a repetirse una y otra vez.

Según el tantas veces mencionado *Nican Mopohua* —inevitables menciones, al tratarse del documento más fidedigno y completo que ha existido sobre el milagro de Juan Diego—, los hechos relativos a las apariciones de la Virgen han sido allí plasmados de un modo preciso y sumamente fiel, que hace que las palabras del propio Juan Diego, al relatar sus experiencias del divino contacto, sean tal vez reproducidas de manera impecable, con todo su sentido y significado, sin mistificaciones deformantes.

Hay que tener en cuenta, antes de adentrarnos en los mismos hechos y en la forma en que fueron descritos después, que el autor de la aludida obra era tan buen conocedor del lenguaje azteca o náhuatl como del propio castellano de entonces, aprendido este último durante los años de la conquista española de sus tierras y enseñado el otro en su infancia y adolescencia, dentro de la propia cultura de su pueblo natal.

Por ello hay que aceptar que la transcripción es en todo momento fiel y se limita a recoger de viva voz, y con la mayor exactitud posible, el relato de Juan Diego respecto a sus excepcionales experiencias.

Antonio Valeriano fue, por tanto, un cronista honrado, prudente y con un gran sentido de la fidelidad, tanto a su lengua materna como a la aprendida de sus conquistadores, por lo que no es fácil admitir tergiversaciones en su transcripción. Bastante tiempo después, sería Mario Rojas Sánchez, sacerdote de la diócesis de Huejutla, quien realizara una minuciosa traducción del escrito, dividiéndolo en versículos para su mejor comprensión. Dicha tra-

ducción comienza por los siguientes versículos, como una intro-
ducción al tema fundamental de la obra:

«Aquí se narra —justamente esta frase, "aquí se narra"; es lo
que se escribe en lengua náhuatl en "Nican Mopohua"—, *y aquí
se ordena, cómo hace poco, milagrosamente, se apareció la perfecta
Virgen Santa María, Madre de Dios, nuestra Reina, allá en el
Tepeyac, de nombre Guadalupe.»*

Y prosigue después:

*«Primero se hizo ver de un indito, cuyo nombre era Juan Diego;
y después se apareció su preciosa imagen delante de don fray Juan de
Zumárraga.»*

Los versículos de Antonio Valeriano prosiguen del modo que sigue, de una forma más genérica, antes de entrar en la materia del
milagro propiamente dicha:

*«Diez años después de ser conquistada la ciudad de México,
cuando las flechas y los escudos ya estaban depuestos, cuando por todas partes ya había paz en los pueblos.»*
*«Así como brotó, ya verdece, ya abre su corola la fe, el conoci-
miento de Aquel por quien se vive: el verdadero Dios.»*

Tras esas generalidades, el documento pasa a personalizar en el
hombre elegido para la gran demostración:

*«En aquella sazón, en el año de 1531, a los pocos días del mes
de diciembre, sucedió que había un indito, un pobre hombre del
pueblo.»*
*«Según se cuenta, vecino de Cuautitlán, su nombre era Juan
Diego.»*
«Y en las cosas de Dios, todo pertenecía a Tlatelolco.»

A partir de aquí, el *Nican Mopohua* entra ya directamente en
materia, para relatar de la forma que lo veía, lo interpretaba y lo
transcribía el autor, siempre condicionado a la forma de redacción

del lenguaje utilizado, el azteca, que no debemos olvidar que era en la mayor parte de las ocasiones un lenguaje altamente simbólico, en el que, aparte las palabras utilizadas, existía paralelamente otro significado de mayor profundidad y riqueza, sumamente difícil, no ya de traducir al simple lenguaje castellano, sino a ningún otro conocido.

Para gran parte del pueblo indio de entonces, sometido durante largos años al poderío despótico y cruel del imperio azteca, dominador de provincias, vencedor en mil batallas y, por ello mismo, amo y señor de los vencidos, a los que no trató precisamente con demasiada benevolencia las más de las veces, el mensaje cristiano no dejaba de ser un nuevo modo de ver las cosas.

Tal vez sin darse esa hegemonía prepotente de los reyes aztecas y de sus ejércitos sobre los pueblos derrotados en el campo de batalla, muchos de cuyos combatientes vencidos habían terminado entregando su sangre en los siniestros escalones de los grandes templos de Tenochtitlán, destinados al sacrificio humano de las víctimas de los rituales religiosos, no se hubiera producido esa natural simpatía del indígena —sometido primero por los aztecas y luego por los españoles— hacia una nueva forma de entender el culto a lo divino.

Este inciso viene a cuento de lo que iba a significar para los indígenas de aquellas tierras la difusión de una nueva forma de fe. ¿Por qué aceptaron tan espontáneamente aquel credo nuevo de un solo Dios, de una Virgen, de un Redentor muerto en la cruz para salvar al Hombre?

Tal vez porque en el fondo renegaban de otra fe que les obligaba a ser tratados como esclavos y ser ofrecidos en sacrificio sangriento a los dioses. Tal vez porque aborrecían la hegemonía indiscutible del orgulloso Tenochtitlán y sus invencibles legiones, defensoras de la tiranía de sus sacerdotes.

Por tanto, no es difícil imaginar que, puestos en la disyuntiva, y pese a que el trato de los conquistadores para con ellos no fuera mucho más digno ni más humano que el de los anteriores tiranos, y ni siquiera los encargados de evangelizarles, portando hábitos y cruz, resultaran demasiado dignos de su nombre y de su aspecto, resultando a veces mucho peor un religioso que un brutal soldado; repetimos, a pesar de tanto factor negativo en los nuevos evangelizadores de las tierras indias, en su religión, en su fe, creyeron ver algo más de lo que parecía a simple vista.

Algo más que brutalidad militar y prepotencia del conquistador, algo más que intolerancia y fanatismo de los religiosos encargados de la misión evangelizadora, algo más que el egoísmo y afán de riquezas de los nuevos gobernantes y representantes del lejano emperador, algo más, en suma, que toda la represión, injusticia y despotismo de unos invasores a veces embusteros, a veces racistas, y casi siempre capaces de predicar una cosa y hacer otra.

Cierto que había religiosos honestos y sacrificados, e incluso soldados tolerantes y hasta amistosos, pero por desgracia eran los menos, no nos vamos a engañar. España no mejoraba en exceso, ni mucho menos, la mala imagen que para los pueblos indios sometidos pudo haber tenido durante mucho tiempo el poderío altivo de Tenochtitlán.

Y aun así, lo indígenas mexicanos aceptaron de buen grado, ya en principio, la nueva fe que les era difundida por los misioneros españoles.

¿Es que vieron que a través de esa religión, a veces mal difundida y peor empleada por sus propios portavoces, una auténtica salida para sus existencias, un rayo de luz, un resquicio de esperanza en su futuro?

¿O es que llegaron a entender que, aparte las imperfecciones de aquellos hombres que les venían de allende los mares, había algo hermoso y creíble en las nuevas doctrinas, una nueva forma de vida capaz de liberarles de muchos lastres del pasado?

Si fue así, evidentemente, fue más por la propia fuerza del cristianismo que por muchos de los presuntos cristianos que venían a inculcarles aquellas creencias, y que era obvio que no estaban a la altura de su sagrada tarea. Monjes egoístas o ambiciosos, frailes intolerantes o corruptos, gobernantes ambiciosos y ruines, no eran la mejor manera de difundir una nueva fe en pueblos hasta entonces creyentes de otras doctrinas.

Pero, pese a ello, el cristianismo triunfaba en medio de los pueblos y las provincias indígenas. Tenían ahora una ciega fe en el Dios

único del que les hablaban los extranjeros, en la Virgen elegida por
ese mismo Dios para traer al mundo al Mesías que había de salvar
a los hombres con su propio sacrificio, en el mismo Mesías que su-
friera una cruel pasión y muerte, para resucitar y luego ser elevado
a los cielos.

Hasta entonces, todo eso había sucedido, para asombro a veces
de los propios evangelizadores, que se sorprendían de la sencillez y
naturalidad con que los indios nativos aceptaban su palabra y se con-
vertían, se bautizaban, cambiaban sus complicados nombres aztecas por los más sencillos de los pueblos castellanos, y después, por
si todo eso fuera poco, se entregaban en cuerpo y alma a su nueva
devoción, cumpliendo con sus deberes cristianos como el primero.

Y si esto había sucedido durante los momentos inmediatamente siguientes a la caída de Tenochtitlán y a la agonía del imperio azteca, si durante diez años los indígenas se habían vuelto, en su inmensa mayoría, cristianos convencidos, ¿qué podía suceder si, de
pronto, sucedía algo nuevo, algo sorprendente y revelador, que daba
la primera prueba fidedigna de que ellos eran también un pueblo
amado por aquel Dios al que acababan de aceptar?

¿Qué podía hacer el pueblo indio de todo México si uno de los
suyos, uno de tantos entre los más humildes, llegaba a ser protagonista de la mayor y más impresionante de las manifestaciones divinas hasta entonces conocidas por el pueblo mexicano?

Aquel sobre labriego, sólo conocido por sus vecinos y amigos,
sencillo y anónimo, que hasta entonces no había protagonizado suceso importante alguno, iba a revelarles algo que ninguno de ellos
esperaba ni imaginaba.

Lo que para el hombre frío, racional y tremendamente lógico
de hoy en día parece cosa de magia o de pura fantasía, para aquellas
gentes sencillas, necesitadas acaso como nadie de una razón de ser
y de existir, fue como una revelación súbita e inaudita de lo que sus
almas querían creer y sus mentes no podían aún entender.

Para todos ellos, tal vez, era más necesario que para nadie una
pequeña prueba, una evidencia, un rayo de luz que iba a hacerles comprender lo acertado de su elección y lo providencial de su
nueva fe.

Tal vez por eso Dios lo hizo. Tal vez por eso, la Virgen apareció aquel día de diciembre en el Tepeyac.

Tal vez por eso, también, fue Juan Diego el elegido. Pudo haber sido cualquier otro como él. Había muchos, en efecto, que podían ser la persona elegida.

Pero no. Fue él, el indito Juan Diego.

Fue el designio de Dios. Y contra eso, no hay objeción alguna que trate de explicar nada.

Fue así, y basta.

Capítulo IV

— Primera aparición —

Dice el *Nican Mopohua*:

> «*Era sábado, de madrugada, venía en pos de Dios y de sus mandados.*»
> «*Al llegar cerca del cerrito llamado del Tepeyac, ya amanecía.*»
> «*Oyó cantar sobre el cerrito, como el canto de muchos pájaros finos; al cesar sus cantos como que les correspondía el cerro, sobremanera suaves, deleitosos, sus cantos sobrepujaban los del coyoltotótl y del tzinitzcan y al de otros pájaros finos.*»

Es la descripción inicial del milagro, el primer indicio extraño que despertó la curiosidad de Juan Diego. El *Nican Mopohua* prosigue su narración así:

> «*Se detuvo a ver Juan Diego. Se preguntó: Por fortuna ¿soy digno, soy merecedor de lo que escucho? ¿Quizá nomás estoy soñando? ¿Quizá solamente lo veo entre sueños?*»

Esto, en cuanto a los textos concretos de la obra que relata el gran suceso. Y parece seguir con bastante fidelidad cuanto revelara Juan Diego al respecto.

Sabemos, ciertamente, que cuando alcanzaba el pie mismo del cerro del Tepeyac, llegaron a sus oídos una serie de extraños y melodiosos sonidos que, en principio, se le antojaron cantos de pájaros, pero que parecían superar a éstos en melodía y en dulzura, como si procedieran de aves que él nunca había visto ni escuchado antes.

Eso, lógicamente, despertó su curiosidad de inmediato, aparte de hacerse toda clase de preguntas contradictorias sobre lo que podía estar sucediendo en aquel paraje que él tan bien conocía, y donde nunca antes de ahora había notado nada parecido.

Aquello que no sabía si era música de instrumentos desconocidos o cánticos de pájaros exóticos nunca oídos antes, le atraía irresistiblemente, tal vez porque constituía en sí mismo un profundo misterio, ya que bien sabía él que nadie se encontraba nunca por aquellos parajes a semejantes horas, y tampoco había escuchado con anterioridad cantos como aquéllos, de tal melodiosa armonía.

Indeciso debía estar, sumido en pensamientos contradictorios y en dudas de todo tipo, cuando un nuevo sonido vino a causarle una sorpresa todavía más grande.

Fue el sonido de una voz en esta ocasión.

Una voz dulcísima que parecía provenir de la altura del cerro y, a la vez, de todas partes.

Una voz que le interpeló con un tono tierno y amoroso:

—Juanito... Juan Dieguito... ¿adónde vas?

Atónito, alcanzó la cima del cerro. Y se vio ante una luz resplandeciente, semejante a una nube hecha de pura luz. En medio de ese resplandor que casi le cegaba, se alzaba la figura de una señora de increíble belleza, que le contemplaba tiernamente y le hacía señas para que se aproximara a ella.

Juan Diego así lo hizo, sin sentir el menor temor ni inquietud, fascinado por aquella dama maravillosa, en torno de la cual incluso las flores secas cobraban nueva vida y resplandecían redivivas. Sin poderlo evitar, presa de una emoción que jamás había sentido antes, ni siquiera en el solemne momento de ser bautizado, cayó Juan de rodillas ante la señora, al tiempo que respondía respetuosamente:

—Mi señora, voy camino de la iglesia de Tlatelolco, a escuchar misa y conocer las cosas divinas de Dios Nuestro Señor.

La respuesta de aquella dama envuelta en resplandores que no parecían de este mundo no se hizo esperar:

—Quiero que sepas, hijo amado, que yo soy la siempre Virgen María, Madre de Dios verdadero, el Padre de todas las cosas, que es el amo del cielo y de la tierra.

Anonadado, Juan se limitó a escuchar, sin duda incapaz de pronunciar palabra alguna ante aquella revelación. La Virgen, tras un breve silencio, prosiguió hablando a Juan con la misma ternura y suavidad de antes:

—Deseo que sea construido en este mismo lugar un templo, en el que seré la madre piadosa de todos, demostrándoles mi amor, ayuda y protección a todas las gentes que a él vinieran.

Juan miraba y oía, como en sueños, incapaz de moverse, de hablar, ni siquiera de asentir con la cabeza, mientras la Señora continuaba con aquel increíble diálogo:

—Yo soy la Madre misericordiosa de todos los que vivan unidos en estas tierras, de todos aquellos que me aman y a cuantos a mí me invoquen; escucharé sus lamentos, aliviaré y remediaré sus sufrimientos, sus necesidades y sus infortunios.

¿Cómo llevar a cabo aquel divino deseo?, debía pensar mientras tanto el pobre Juan, él, tan pobre y tan humilde, y sin embargo escogido por la Santísima Virgen para recoger sus deseos.

La Virgen proseguía entre tanto:

—Ve a ver al obispo de México, ve a verle a su palacio, y dile que yo te envío para hacerle saber lo mucho que deseo que aquí, en este mismo cerro, edifique mi templo. Cuéntale todo lo que has visto y oído. Ve, Juan, y haz todo lo que te he pedido lo mejor que puedas.

Esta vez, sí. Esta vez, al fin pudo Juan articular palabra, y siempre respetuosamente inclinado ante la Señora, su respuesta fue sencilla y obediente:

—Señora mía, Santísima Virgen, voy a cumplir tu mandato, haré lo que deseas.

Nada nos narra el *Nican Mopohua*, que recoge esta primera visión, de la forma exacta en que terminó la conversación entre Juan y la Virgen, ni si ésta permaneció allí visible o se desvaneció en el aire; lo que sí nos cuenta es que Juan se apresuró a descender del cerro, todavía sin duda alguna sobrecogido por la experiencia única que acababa de vivir, y se encaminó con toda la rapidez posible para tomar la calzada que iba directamente a la ciudad de México para cumplir el sagrado mandato.

Llegó a la ciudad, que cruzó sin perder momento, hasta llegar a la casa del obispo. Por el camino sentía un auténtico mar de dudas, no por lo que él había visto y oído, sino por la reacción de los demás cuando les narrara lo sucedido y tratara de transmitir el mensaje de la Virgen.

El obispo por entonces seguía siendo fray Juan de Zumárraga, el franciscano. Le abrieron la puerta sus servidores, aunque desconfiados ante el aspecto tan pobretón de aquel hombre, y escucharon cómo pedía insistentemente entrevistarse con el obispo lo antes posible.

Escucharon su petición, negándose rotundamente a que llegara a presencia del prelado. Tal como se temía Juan, las cosas iban a ser mucho más complicadas de lo que en principio pudiera pensar. Insistió una y otra vez, suplicó e imploró, y acabó por ser tanta su obstinación en ser recibido, que al fin cedió la servidumbre obispal, y optaron por informar a su señor de lo que acontecía.

Zumárraga acabó recibiendo a Juan tras una prolongada espera, y el primer problema vino con el lenguaje, ya que el obispo desconocía la lengua del nativo y éste no se sabía expresar en castellano. Se resolvió ese problema mediante un traductor o intérprete, un tal Juan González, español, que había aprendido el lenguaje indígena de México y podía facilitar el diálogo.

Juan se arrodilló respetuoso ante el obispo, y empezó a relatarle toda su historia lo más fielmente posible. Como él temiera, en el rostro de fray Juan se pintó el asombro primero, la duda después y finalmente el escepticismo.

Para salir de dudas, al menos en cuanto a la educación cristiana de su visitante, el obispo le hizo una serie de preguntas sobre temas religiosos, y le satisficieron las respuestas del indio, demostrando conocer perfectamente los principios evangélicos.

Aun así, el relato seguía siendo poco creíble para él, por lo que tomó la decisión de pedirle que se fuera y que volviera en otro momento en que él estuviera menos ocupado, para poder escucharle con toda atención, y de este modo tener también tiempo suficiente para estudiar el caso.

La respuesta del obispo no satisfizo en absoluto a Juan, que no era tonto y se dio cuenta de que no había sido creído y el prelado le daba largas, tratando de librarse de él y de su historia. Por ello abandonó la residencia episcopal muy desanimado y triste, convenciéndose de que no era él, precisamente, la persona indicada para que los deseos de la Virgen se cumplieran. Nunca le creerían, eso era obvio, y se limitarían a despedirle, como en esta ocasión, con muy buenas palabras pero sin comprometerse realmente a nada.

De regreso a casa, iba meditando sobre todo ello y, sin duda, se dijo muchas veces a sí mismo que cuantas ocasiones tuvieran de seguir adelante con aquel empeño, iba a tropezarse con el mismo muro de incomprensión y de incredulidad por parte de los demás, especialmente de las autoridades de la Iglesia, tan poco dadas a creer en los milagros.

A fin de cuentas, debía pensar, ¿quién era él, ante todo un señor obispo de la diócesis de México, para poder explicar aquello que era inexplicable y convencer a nadie de que la Señora, la Virgen, Madre de Dios, había elegido presentarse ante él, un humildísimo y pobre indito, para una revelación semejante?

En algunos momentos, ni él mismo debía estar muy seguro de haber vivido todo aquello, de haber estado ante la presencia divina y de haber sido llamado, como hijo amado de la Señora, para cumplir sus designios. ¿No sería todo una alucinación, un sueño, un imposible imaginado por su propio amor a las cosas de Dios?

Pero no. De inmediato volvía a él la imagen de aquella luz resplandeciente, aquel aroma a flores desconocidas, aquella música celestial y, sobre todo, aquella voz todo amor, todo ternura y cariño, surgiendo de labios de la Señora, aquella mirada hermosísima y dulce, fija en él mientras hablaba y le exponía sus deseos.

Y cuando lo recordaba todo, más se convencía de que no había nada fingido ni soñado en todo aquello, que todo era verdad, una gran verdad que él podía entender y creer porque la había vivido, pero que iba a ser difícil, por no decir imposible, transmitir a los demás para que la creyeran.

Lo peor de todo eso es que se sentía fracasado, incapaz de cumplir lo que le había sido encargado, y eso le llenaba de dolor y de tristeza. No era digno de la confianza que Ella había puesto en su sencilla y humilde persona, nunca lograría que le escucharan, por lo que su fracaso le perseguiría toda su vida, haciéndole ver lo poco que valía.

Ésos eran a no dudar los confusos y amargos pensamientos que le asaltaban, de regreso a casa, tras la fallida visita al obispo. Juan Diego tenía motivos para sentirse así y para lamentarse de todo ello, pero Juan, además de noble y sencillo, tenía otras virtudes más fuertes todavía. Una de ellas era su obstinación, que tanto había influido para ser recibido por el prelado, aunque no hubiera servido de nada. La otra era su fe inquebrantable.

—No, no —debió decirse—. Si la Señora me ha escogido a mí, es porque está segura de que puedo hacerlo. No debo fallarle. Si ha pedido que lo haga, lo haré. Si me ha encargado que pida lo que desea, tengo que hacerlo, cueste lo que cueste.

Era, además de todo eso, una persona de por sí inteligente, capaz de entender las dificultades, como había entendido con anterioridad a lo ocurrido que iba a tener serios problemas para ser escuchado y creído.

Su inteligencia, pues, le dio una posible solución. Y como estaba ya de regreso a casa y para ello tenía que volver a pasar junto al cerro del Tepeyac, tomó la decisión que creyó más sensata, dadas las circunstancias: volver a subir a su cima y esperar que la Virgen se le volviera a aparecer, para informarle de todo cuanto había sucedido.

Ni corto ni perezoso, al llegar al pie del cerro, volvió a escalar éste a toda prisa, hasta alcanzar la cima.

Algo le decía que la Señora le estaba esperando. Intuía que también la Virgen sabría de sus desventuras y de la dificultad de la tarea a cumplir.

Y esperaba encontrarla de nuevo allí.

La encontró.

Ésa fue la segunda aparición de la Virgen ante Juan Diego.

* * *

Cuando el *Nican Mopohua* se refiere a este pasaje de la vida y prodigios de Juan Diego, se expresa en estos términos:

> *«Y cuando entró, se arrodilló ante el obispo, y luego le descubre y le cuenta el precioso aliento, la preciosa palabra de la Reina del cielo, su mensaje, y también le dice todo lo que admiró, lo que vio, lo que oyó.»*
>
> *«Y habiendo escuchado toda la narración, su mensaje, como que no mucho lo tuvo por cierto.»*
>
> *«Le respondió, le dijo: "hijo mío, otra vez vendrás, aun con calma te oiré, bien aun desde el principio miraré, consideraré la razón por la que has venido, tu voluntad, tu deseo".»*

Y termina:

> *«Salió: venía triste, porque no se realizó de inmediato su encargo.»*
>
> *«Luego se volvió, al terminar el día. Luego de allá se vino derecho a la cumbre del cerrillo.»*

Es el final de los versículos dedicados a la primera aparición de la Virgen a Juan Diego, por lo que vemos que, al parecer, Juan tuvo la entereza de acudir a sus oficios religiosos aquel mismo día, como era su costumbre, y volver ya de noche a su casa, momento en el que, según todos los indicios, tomó la decisión ya descrita de volver al cerro para intentar ver nuevamente a la Señora e informarle de lo que consideraba su fracaso.

¿Sabía realmente que iba a encontrar allí a la Virgen una vez más, en tan breve espacio de tiempo?

Sin duda. Tenía que saberlo, aunque fuera en el fondo de su conciencia y de su alma, de un modo instintivo.

Lo sabía, porque por algo había sido él, y no otro, el elegido por el cielo para aquella misión.

Capítulo V

«Y TUVO *la dicha de encontrar allí a la Reina del cielo. Allí, cabalmente donde la primera vez se le apareció, le estaba esperando.*»

Es el primer versículo del *Nican Mopohua* sobre la segunda aparición de la Virgen. Resaltemos una de sus frases por significativa: *«le estaba esperando»*.

La Virgen esperaba a Juan Diego en el cerro, a su regreso de México. La Virgen *sabía* que él iba a volver, porque sabía que nadie iba a creerle y, por tanto, sabía de su desolación y abatimiento. Era, por tanto, la espera de quien todo lo ve y lo sabe, consciente de que su encargo no era fácil de cumplir, y sabedora de que los sentimientos de Juan Diego eran los que eran en este momento de presunto fracaso.

Así, pues, sabemos que Juan Diego no iba descaminado cuando decidió subir al cerro cuando volvía a casa con el peso de su tristeza. Como había previsto, la Señora estaba allí, esperándole, tal como la viera en la primera ocasión.

Juan Diego cayó de inmediato de rodillas ante la Señora, inclinó su cabeza y comenzó a hablar, dolido y entristecido:

—Mi Señora, fui a donde me enviaste a cumplir con tu encargo, y tras muchas dificultades pude hablar con el obispo, a quien le expuse tu mandato, tal como tú me ordenaste. Me escuchó con atención, pero no creyó lo que le dije. Su contestación fue: «En otra ocasión vendrás y entonces te oiré más despacio, y veré el deseo y voluntad con que has venido.»

La Virgen no respondía, como esperando oír el resto de la historia, y Juan se animó a proseguir:

—Ya entendí entonces que él piensa que a lo mejor yo me estoy inventando lo de que tú quieres que te levanten aquí un templo, y que tal vez esa orden no venga de ti, mi Señora. Por ello yo te ruego, encarecida Señora mía, que envíes a alguno otro más principal para que se encargue de llevar tu mensaje. Así le creerán, pues yo soy un hombre de campo, un simple mecapal, Virgencita mía. Perdóname, mi Señora, pues sé el enojo que te causo, Dueña mía.

Hasta ahí todo el relato de Juan Diego, compungido y lloroso, reconociendo toda la magnitud de su fracaso ante la propia Virgen. Ella le había escuchado en silencio. Y su respuesta fue tan dulce como eran todas sus palabras:

—Escúchame, Juan Diego, el más pequeño de mis hijos, ten por cierto que no son escasos mis servidores, los mensajeros a quienes podría hacer que llevaran mi palabra para que mi voluntad fuera cumplida; pero es de todo punto necesario que seas tú mismo quien lo solicite y con tu mediación sea cumplida mi voluntad.

Y la Virgen añadió inmediatamente:

—Así, te ruego encarecidamente, mi hijo más pequeño, que otra vez vayas mañana a ver al obispo. Dale parte en mi nombre, y hazle saber por entero mi voluntad: tiene que poner por obra el templo que le pido. Y dile de nuevo que yo en persona, la Virgen Santa María, Madre de Dios, es quien te envía.

Juan Diego escuchaba, mudo de asombro y lleno del respeto profundo que la presencia refulgente de la Señora le producía, sin llegar a entender bien cómo era él la persona elegida, por encima de otras más importantes y más fáciles de creer, para llevar a cabo misión tan difícil.

Pero era palabra de la Virgen, y ni por un momento pasó por su mente la idea de poner alguna objeción o duda. Por el contrario, su respuesta en esta ocasión fue rotunda, mientras dirigía a la Señora una mirada de profundísimo amor y ternura:

—Señora mía, no seré yo quien te cause aflicción. De muy buena gana iré mañana para que tu mandato sea cumplido. No será penoso para mí el camino, pero tal vez no sea recibido, y si soy recibido, tal vez no sea creído. Pero mañana mismo, a la hora en que se pone el sol, volveré aquí para darte razón de la respuesta del obispo a tu mensaje. Me despido ahora, Señora mía, y descansa entre tanto.

Ése fue todo el diálogo en esta segunda aparición de la Virgen al bueno de Juan. Cuando dejó el cerro, su determinación volvía a ser grande. Se le había encomendado de nuevo aquella tarea, y pensaba cumplirla hasta el final, fuera cual fuera la reacción del obispo Zumárraga.

Cubrió el resto de su camino hasta casa, dispuesto a descansar por aquella noche, tras tan agitado día, y levantarse con renovadas fuerzas para seguir adelante con su tarea.

Nada más se menciona sobre esta segunda aparición de la Virgen ante Juan Diego, pero sí se extiende, y mucho, acerca de todo lo que aconteció después, cuando Juan Diego, obstinado y fiel servidor de su Señora, la Madre de Dios, llevó a cabo su nuevo empeño cerca del obispo.

En realidad, fue todo tan importante lo que tuvo lugar entre la segunda y tercera aparición, que justifica sobradamente el interés puesto en narrar tanto la postura y actos de Juan como los del prelado de México, sobre tema tan delicado y trascendente como era aquel de levantar un templo en un determinado lugar, sólo porque, según un pobre indio desconocido y vulgar, la Virgen en persona así lo había pedido.

Hay que ponerse en la piel del obispo Zumárraga para entender sus dudas y recelos, nada extrañas en un príncipe de la Iglesia ante tan fuerte circunstancia. Sus dudas, sus recelos, incluso su incredulidad, puesta de manifiesto en la primera visita de Juan, son perfectamente lógicos, y no existe motivo de censura para quien así reaccionaba a la relación de hechos tan extraordinarios.

No ya para Zumárraga, sino para cualquier miembro de la Iglesia, en cualquier momento de la Historia, ha sido siempre materia de profundo escepticismo el anuncio de un milagro. Y ¿qué otra cosa podía ser, sino milagro, la aparición de la Virgen en un pequeño cerro, exclusivamente ante la presencia de un modestísimo campesino de raza india?

La Iglesia ha sido siempre parca en creer en milagros. Los procesos de canonización han estado en todo momento llenos de objeciones y han abundado los llamados «abogados del diablo» que niegan el pan y la sal a los pretendidos beatos o santos, alegando toda una serie de razones materiales ante los partidarios de tales procesos.

A veces, incluso, ha sido la propia Iglesia la que ha condenado a personas acusadas de blasfemia o de sacrilegio, para después tener que admitir su error y santificar a la persona ajusticiada, como puede ser el caso de Santa Juana de Arco, la doncella de Orleáns. Por tanto, no tiene nada de extraño que la institución eclesiástica ponga muchos reparos a los hechos presuntamente milagrosos que se le presentan.

El obispo Zumárraga formaba parte de esa Iglesia, y aunque se trataba de un hombre comprensivo, tolerante y bastante crédulo en muchas cosas, su postura no podía ser otra que la de dudar mucho de la palabra de Juan Diego. No es que pensara que le mentía, sino simplemente, tal vez, que creía haber visto cosas que no viera, llevado por la propia fuerza de su fe y su fuerte sentido religioso.

Juan pensaba en cosas así mientras cenaba aquella noche, reponiendo fuerzas, antes de acostarse para aguardar la llegada del nuevo día y, con él, el momento de cumplir nuevamente su palabra y volver a México capital, para ver al obispo por segunda vez.

Era el encargo de su Santa Madre divina, y lo iba a cumplir por encima de todo.

Salió muy de mañana, como siempre, de su humilde vivienda, encaminándose previamente a cumplir con sus obligaciones de buen creyente, por lo que fue a la iglesia de Tlatelolco para oír misa y seguir aprendiendo de la palabra de los evangelizadores.

Casi a la diez de la mañana, emprendía su viaje a la ciudad de México, encaminándose directamente y sin más rodeos a la residencia episcopal. Allí, tuvo el recibimiento que era de temer y que había presentido durante toda la mañana.

La servidumbre se mostró malhumorada y llena de irritación contra aquel obstinado indito que pretendía de nuevo ver personalmente al señor obispo. Se le negó la entrada y se le exigió que nunca más volviera por allí a molestar.

Juan Diego no hizo caso. Cualquier otro tal vez se hubiera sentido desmoralizado y hubiera dejado de luchar. Pero él no. No era así, y además le guiaba la palabra divina de la Señora. Ella quería que él fuera su mandatario, y lo iba a ser, a pesar de todo.

Insistió una y otra vez, siempre con igual resultado negativo. Los servidores de la residencia del obispo parecían dispuestos incluso a utilizar la fuerza para echar de allí al que consideraban un andrajoso intruso.

Pero una vez más, casi inexplicablemente, la tozudez de Juan logró lo imposible. Uno de los sirvientes accedió a que entrara y fuese recibido por el obispo, a ver si así se libraban de aquel molesto visitante de una vez por todas.

Entró Juan Diego en el palacio episcopal, cometido y discreto, como siempre era, dispuesto a esperar lo que fuera con tal de verse otra vez cara a cara con el prelado. Y, ciertamente, la espera fue aún más larga que en la primera ocasión.

Pero al fin, el obispo le recibió. No se nos dice en qué estado de ánimo se hallaba Zumárraga cuando le hizo llegar a su presencia, pero es fácil de imaginar, dada la situación.

Juan, apenas se vio ante el obispo, en el patio de la residencia, se dejó caer de rodillas, estallando en sollozos, relatándole con todo detalle cuanto había acontecido la noche anterior en el cerro del Tepeyac, a su regreso a casa. Insistió en ello, se refirió a las palabras de la Virgen y a su insistencia en que fuera levantado un templo en el mismo cerro.

Zumárraga le escuchó, dominando su inicial contrariedad lo mejor posible. Su traductor oficial le fue interpretando las palabras del indígena fielmente, y el obispo iba quedándose por momentos más perplejo e impresionado. Algo en la actitud, el tono y la expresión del visitante estaba logrando conmoverle profundamente.

Benévolo, le hizo que le diera más detalles de la aparición de la Virgen, que hablara de ello una y otra vez, en busca de alguna contradicción o error que le condujera a descubrir la mentira o el fraude en las palabras de Juan.

Pero eso no se produjo, para asombro del prelado, que veía cómo el relato de su visitante era siempre igual, los detalles más insignificantes, los mismos. Algo empezó a vacilar dentro de él.

Pero ese algo era todavía demasiado poco para permitirle dar un crédito absoluto a Juan Diego. Levantar un templo en un lugar tan alejado no era tarea sencilla, y aún menos justificable si para ello se contaba solamente con la palabra de un indígena, sin prueba alguna que confirmara su relato.

Al final, tras meditarlo mucho, Zumárraga se decidió a dar una respuesta a Juan, lo bastante ambigua como para no comprometerse y lo bastante complicada como para poner en un aprieto a su interlocutor.

—Yo no puedo hacer lo que me dices simplemente porque tú me des tu palabra, Juan. Vuelve otra vez al lado de tu Señora y pídele una señal que me muestre que Ella es en verdad la Señora del cielo.

Juan Diego respondió prestamente:

—¿Y qué clase de señal necesitas? De inmediato iré junto a la Reina del cielo y le pediré aquello que tú me solicites.

Esa firmeza de Juan desconcertó todavía más al obispo, que no comprendía cómo podía estar tan seguro aquel pobre indígena de que iba a conseguir una prueba de manos de la mismísima Virgen María; así, como si tal cosa. Tras una vacilación, acabó por responderle a Juan que le bastaría con cualquier cosa que ella misma, la Señora, quisiera darle en prueba de su presencia en el cerro. Que era a la Virgen a quien correspondía elegir la señal y no a él.

Muy decidido, Juan Diego abandonó la residencia episcopal, y se alejó con su decidido y presuroso paso de siempre en dirección al cerro del Tepeyac, como siempre hacía en su habitual camino a casa.

Pero esta vez Zumárraga estaba dispuesto a llegar más lejos en sus averiguaciones y, apenas hubo partido Juan, encomendó a dos de sus sirvientes que siguieran a Juan a una distancia prudencial y vieran qué era lo que hacía, adónde se dirigía y si hablaba o se reunía con alguien por el camino.

Los encargados de la tarea salieron en pos del indígena, manteniéndole bajo su vigilancia durante un largo trecho. Mas, de repente, en las proximidades del barranco que se hallaba cerca del cerro, lo perdieron de vista. Y pese a cuanto buscaron y recorrieron por los alrededores no pudieran dar con él en modo alguno.

Eso les enfureció de tal modo que, frustrados en su empeño, regresaron el palacio del obispo, para informar a éste de lo sucedido, añadiendo que, sin duda, era todo una maniobra astuta del indio para deshacerse de su seguimiento, lo cual indicaba a las claras que obraba de mala fe y que no debía prestar más atención a cuanto él pudiera decir.

Para ellos, Juan Diego era un vulgar farsante que había pretendido embaucar al obispo con un cuento sin sentido, y no valía la pena preocuparse más del asunto. Quedó dubitativo fray Zumárraga, y sus servidores insistieron en su punto de vista, aconsejándole que, caso de volver a molestarle con nuevas supercherías, le castigara con la suficiente dureza como para que aquel indio fantasioso no volviera a contar nuevas mentiras ni tratara de embaucar a nadie nunca más.

Mientras todo esto sucedía en la ciudad de México, Juan llegaba al cerro, lo escalaba y, una vez en su cumbre, se halló de nuevo ante la luminosa imagen de la Virgen, que parecía estar aguardando su llegada con la respuesta del obispo.

Siempre puesto de rodillas, inclinada su cabeza ante la divina presencia, el bueno de Juan Diego expuso a la Señora todo cuanto le había acontecido en la ciudad, su entrevista con el obispo y lo que éste la había exigido como prueba de que decía verdad y no mentía.

Admitía que no había sido capaz de convencer tampoco en esta ocasión al obispo con su palabra, y que éste pedía una evidencia, la que fuera, de que sus encuentros con la Virgen eran ciertos y no fruto de sus fantasías.

El obispo parecía avenirse a edificar el deseado templo, en honor de la Madre de Dios, pero para ello era imprescindible tener antes delante de sus ojos esa prueba material de la aparición en el cerro, cosa que el propio Juan consideraba imposible, y de ello se lamentaba.

Para su sorpresa, una sonrisa iluminó el rostro sublime de la Virgen, y su dulcísima voz le dio una respuesta tranquila:

—Está bien lo que dices, hijo mío. Regresa mañana y podrás llevar contigo la señal que el obispo necesita para creer en ti y no poner nunca más en duda tus palabras.

Fue tal el tono con que aquellas frases fueron pronunciadas por la Señora, que Juan Diego se calmó de inmediato, seguro de que así sería si la Santísima Virgen lo afirmaba, y no tenía ya por qué preocuparse de nada.

Regresó lleno de felicidad a su vivienda, preguntándose interiormente qué clase de «señal» sería aquella que pudiera romper la incredulidad del prelado, pero convencido de que había de ser algo verdaderamente incontrovertible y que terminaría con todas las posibles dudas que su historia hubiera despertado.

Pero las tribulaciones del bueno de Juan no habían terminado todavía, aunque ahora iban a ser de un cariz muy distinto, más angustioso y preocupante, y muchísimo más apegado a las realidades del mundo y de los sentimientos humanos.

De regreso a casa, se encontró con su tío Juan Bernardino postrado en cama, gravemente enfermo. Su dolencia era la que los indígenas del país llamaban «cocolixtle», una intensa fiebre que solía ser mortal de necesidad.

Llamado un médico para que le atendiera, confirmó éste lo que ya temía Juan Diego desde un principio: la enfermedad era, de momento, incurable y estaba sumamente avanzada. El estado del enfermo era de extrema gravedad en estos precisos instantes, y no parecía haber nada que pudiera evitar en breve plazo un fatal desenlace.

La enfermedad era de por sí sumamente grave, y a ello se unía la avanzada edad del paciente, por lo que a juicio del médico sólo quedaba esperar y rezar, confiando en que la agonía fuera lo menos dolorosa posible. El propio enfermo, consciente de su mal y de su estado, le calmó a Juan Diego con gran serenidad y resignación, pidiéndole que no desesperara y permaneciera a su lado hasta el final.

Juan buscó a un sacerdote, visitando Tlatelolco en busca de uno, para que administrara a su tío los santos óleos, a petición del enfermo. El empeoramiento del mismo era evidente, y su sobrino no se apartaba de él ni de día ni de noche. Fue tal su dedicación al ser querido que se le moría, que ni siquiera se apartó de su lecho para acudir a la cita convenida con la Virgen.

Aquel lunes día 11 era la fecha fijada por la Señora para el nuevo encuentro y la entrega de la prueba o «señal» que reclamaba el obispo. Juan Diego no se presentó a esa cita, con harto dolor de su corazón, movido ante todo por el amor que profesaba a su anciano tío, y que en esos momentos estaba por encima de todo en su corazón.

Interiormente, sin embargo, Juan no dejaba de sentir vergüenza y remordimiento por incumplir tan sagrada promesa. Cuando tuvo que ir en busca del sacerdote para la extremaunción del doliente, su mente era un mar de confusiones y no sabía ni siquiera por dónde caminar en busca de ese sacerdote, ya que si pasaba junto al cerro era seguro que la Virgen le vería, reprochándole su ausencia. Y si daba un rodeo, alejándose del cerro para no encontrarse con la Señora, el viaje se prolongaría demasiado, y podía ser demasiado tarde cuando intentara llevar el auxilio espiritual a su tío.

Ante esa disyuntiva, optó por tomar el camino de siempre, pasando junto al cerro, pero de largo y a toda prisa, en busca de aquel religioso cristiano que atendería a su tío en sus momentos finales.

De este modo, esperaba que la Virgen no llegaría a verle pasar, por lo que confiadamente echó a correr apenas avistó el cerro, con la intención de pasar cuanto antes aquel trecho del camino, sin tener que dar cuentas a la Madre de Dios de su informalidad y de su ausencia de aquel día.

Pero una gran sorpresa le esperaba en ese camino hacia el convento de Santiago, justo junto al cerro del Tepeyac, por muchas que fueran las precauciones adoptadas para no verse de nuevo ante la Virgen.

Esa sorpresa iba a formar parte de la cuarta aparición.

Capítulo VI

— Cuarta aparición —

RECURRIENDO siempre a los versículos del *Nican Mopohua*, vemos en ellos que, previamente a la cuarta aparición allí relatada, se describe de este modo la situación anímica de Juan Diego en los momentos más angustiosos y apremiantes de la enfermedad mortal de su tío Bernardino:

> *«Y el martes, siendo todavía muy de noche, de allá vino a salir de su cada, Juan Diego, a llamar al sacerdote.»*
>
> *«Y cuando ya acertó a llegar al lado del cerrito terminación de la sierra, al pie, donde sale el camino, de la parte en que el sol se mete, en donde antes él saliera, dijo:*
>
> *"Si me voy derecho por el camino, no vaya a ser que me vea la Señora y, seguro, como antes me detendrá para que le lleve la señal al gobernante eclesiástico como me mandó...*
>
> *Que primero nos deje nuestra tribulación; que antes yo llame deprisa al sacerdote religioso, mi tío no hace más que aguardarlo".»*

Es una fidedigna descripción, sin duda, del estado de ánimo del pobre Juan Diego, de su problema familiar tan sumamente grave y de cómo, pese a su enorme fe y su amor a la Señora, antepone a todo su cariño filial hacia el tío que le ha criado como un hijo, y al que no es capaz de dejar morir sin el confortamiento espiritual que un sacerdote puede darle.

Incluso su cita con la Virgen María, de la que depende la prueba o señal definitiva para convencer al obispo. Pero ni siquiera eso, con ser tan importante, cuenta para él en momentos de dolor familiar y de enfrentamiento a la inevitable muerte del ser querido.

Así, efectivamente, Juan Diego hizo lo que pensaba, pero sin eludir la vecindad del cerro, para no perder un tiempo precioso que podía ser la diferencia entre que su tío se fuera de este mundo confortado con los sacramentos o no.

Y justamente cuando pasaba junto al cerro, ocurrió.

Ocurrió lo que él no quería ni esperaba. Porque en vez de tener ante sí franco el camino hacia la iglesia donde solicitar los servicios del religioso, se encontró de pronto con aquel raudal de luz que ya viera en tres ocasiones en lo alto del cerro.

Se paró en seco, mirando ante sí, deslumbrado. Temió ser censurado por la Señora, pero en vez de eso su dulcísima voz le interpeló con la mayor ternura imaginable:

—Hijo mío, ¿qué es lo que te sucede? ¿Hacia dónde te diriges?

Dominó como pudo el bueno de Juan la tremenda vergüenza que sentía por haber faltado a su palabra y, sobre todo, por haber desobedecido a la Virgen, y trató de explicarse como mejor pudo:

—Mi hermosa Señora, lo que te tengo que decir es seguro que afligirá tu corazón, ya que mi tío, Juan Bernardino, está muy enfermo. La fiebre se apoderó de él, y esa especie de peste va a llevárselo para siempre. Está muriendo, y me ha pedido que le lleve un sacerdote para recibir los últimos sacramentos. Por eso voy en busca de uno, y no sé si llegaré a tiempo. Por eso te prometo, mi Señora, que una vez que haya cumplido con este último deseo suyo, regresaré ante ti para cumplir tu voluntad.

La Virgen le escuchaba en silencio, sin alterar su dulce gesto, y Juan Diego terminó diciendo, suplicante:

—Te ruego me perdones y tengas paciencia conmigo, puesto que no fue mi intención engañarte. Te prometo solemnemente que mañana a primera hora estará aquí contigo.

Sería entonces cuando la Virgen, sin dejar de contemplarle con aquellos hermosísimos ojos llenos de todo el amor y la dulzura del mundo, le dio la respuesta que puede considerarse para siempre como un mensaje para todos los hombres:

—Mi queridísimo hijo, escúchame y deja que mis palabras logren llegar hasta tu corazón. No te angusties con esos sufrimientos. No temas nunca a ninguna molestia, enfermedad o dolor. ¿No estoy yo aquí, que soy tu Madre? ¿No estás bajo mi sombra y protección? ¿No soy yo acaso la fuente de tu vida? ¿No te acojo bajo los pliegues de mi manto, bajo el amor de mis brazos? ¿Hay algo más que puedas necesitar? No permitas que la enfermedad de tu tío te angustie, porque él no va a morir a causa de ese mal. Quiero que sepas que, justo en este instante, él ya está curado.

Para Juan Diego, aquella afirmación de la propia Virgen María fue un impacto demasiado fuerte, algo que le dejó sumido en una especie de trance.

¿Su tío curado? ¿Su tío, que agonizaba en el lecho? ¿Su tío, que ya sólo esperaba la llegada de la muerte? ¿Curado? ¿Eso era posible?

La razón parecía negarse a admitirlo, pero se lo había dicho Ella, la Señora, la mismísima Virgen María, la Reina de los Cielos. Y si Ella lo decía, tenía que ser verdad. No podía tener duda alguna. Estaba seguro de que era así, de que, en efecto, su tío estaba curado.

Tal vez pensando en eso, se ofreció para abandonar todo lo demás y dirigirse ahora mismo a casa del obispo a entregarle la señal que ella quisiera darle.

La Virgen le respondió a eso:

—Juanito... Dieguito, hijo mío... Sube hasta la cumbre del cerro. En ese lugar, donde me viste por primera vez, encontrarás muchas flores. Habrán crecido en un lugar que antes era totalmente árido. Recógelas y vuelve aquí, para que me enseñes lo que has logrado reunir.

Sin vacilar, Juan subió de inmediato a la cima del cerro, y cuál no sería su estupor cuando se enfrentó con un terreno cubierto por una verdadera alfombra de flores, allí donde antes sólo había matojos y pedregal. Eran plantas totalmente floridas, sustituyendo a los cardos y cactus que habitualmente eran allí visibles.

Juan Diego no tenía dónde recoger todas aquellas hermosísimas flores, tal como le había pedido la Virgen, por lo que se despojó de su tilma y la utilizó a guisa de cesto para, en la prenda, ir depositando todas las flores que iba cortando, especialmente rosas, rosas de una variedad y belleza como nunca las había visto Diego ni siquiera en su mejor época, con que menos ahora, en pleno invierno, crudo y frío, y por añadidura en un pedregal donde lo más que era posible ver eran nopales, abrojos y plantas espinosas.

El río de la mañana había depositado sobre ella su tenue humedad, y aquellas menudas gotitas daban a los pétalos una frescura y esplendor inusitados. Las manos de Juan fueron cortando todas las que le era posible y que podían caberle en su tilma, y una vez llena ésta, la recogió con cuidado, descendiendo del cerro con su florida carga hasta donde le aguardaba la figura resplandeciente de la Señora.

La Virgen se limitó a tomar entre sus manos todo aquel cargamento de flores, lo contempló un instante satisfecha, y dejó caer todas ellas de nuevo sobre la tilma de Juan, con extrema suavidad, como mimándolas.

Después le dijo:

—Hijo mío, todas estas flores son la prueba que pide el obispo y a él se las llevarás. Es la señal que él te ha exigido. Dile que mire en esas flores mi voluntad y mi deseo, que él debe cumplir. No abras tu tilma hasta que estés en su presencia. Explícale cómo te envié al cerro a recogerlas, y todo cuanto aquí ha sucedido. Eres digno de toda mi confianza, hijo mío, y por ello eres mi mensajero, como él lo entenderá. Dile todo cuanto has visto y admirado, para que así puedas convencerle y levante el templo que le he pedido.

Juan Diego no vaciló ni un momento más tras escuchar las palabras de la Virgen; recogió con sumo cuidado la tilma, procurando llevar su florido contenido en el interior de sus pliegues, y partió sin perder un instante, camino de la ciudad de México para cumplir su misión. Su marcha era ágil, llena de alegría, procurando siempre que ni una sola flor se perdiera por el camino, por lo que la tilma o ayate de su propiedad iba bien sujeto, como si dentro de él portara lo más valioso del mundo.

El perfume que despedía aquella prenda en su mano le embriagaba placenteramente durante todo el camino, como si el aroma de las flores formara en torno suyo una aureola intangible pero de belleza incomparable.

Por el camino iba pensando que esta vez tendrían que creerle, que ya no sería objeto de burla alguna y que el propio obispo tendría que admitir el milagro sin la más leve de las dudas. Algo le decía que en esta ocasión todo iba a ir bien y que la voluntad de la Virgen, así como la existencia de sus apariciones ante él, iban a quedar bien probadas. Esa sola idea le daba un optimismo tan grande que le hacía aligerar aún más el paso, y ni siquiera sentía el más leve cansancio por recorrer en esta ocasión el largo camino de siempre.

Pero en cuanto llegó a casa del obispo, se dio cuenta de que las cosas no iban a ser tan fáciles como él imaginara, ya que el gesto hosco y agresivo de los servidores del prelado no hacía presagiar nada bueno para él.

Cuando exigió ver de inmediato al obispo, la respuesta del mayordomo y de dos de sus empleados fue tan seca como hostil, negándose en redondo a admitirle en el recinto, y menos a hora tan temprana. Además, Juan Diego observó con inquietud que sus ademanes no eran precisamente amistosos, y parecían a punto de vengarse de lo que ellos suponían sus mentiras y engaños, agrediéndole físicamente si era necesario.

De nada sirvió que les respondiera que esta vez llevaba la prueba o señal que el obispo le había solicitado. Por toda respuesta, los sirvientes cerraron de golpe las puertas metálicas de la casa, dejándole fuera sin más explicaciones.

Juan Diego no se inmutó por ello, y se quedó ante aquellas puertas herméticamente cerradas, dispuesto a esperar el tiempo que fuera necesario. Y allí se quedó, esperando, siempre esperando...

Transcurrió el tiempo, pasó una hora tal vez, tal vez tres. Juan Diego no tenía noción del tiempo que llevaba allí, ni le importaba. Tenía un propósito que cumplir y lo haría por encima de todo, puesto que ésa era la voluntad de la Señora.

Al cabo de un prolongado espacio de tiempo que para Juan no contaba en absoluto, los sorprendidos sirvientes vieron que allí continuaba aquel indígena, tan molesto para ellos, cabizbajo y humilde como siempre, pero obstinado y terco, también como siempre, sin moverse del sitio, siempre con su tilma de la mano, bien sujeta, como si envolviera en ella algo muy preciado.

Picados en su curiosidad y dispuestos a poner en claro de una vez por todas la extraña actitud del visitante, los criados optaron por abrir, pero no para dar entrada a Juan, sino para salir ellos a inspeccionar qué era lo que el indígena llevaba consigo con tanto esmero.

—Abre esa tilma —le ordenó el guardia de la puerta, con tono autoritario.

—No —se negó Juan—. Eso, nunca.

—¡Ábrela! —insistió el empleado, furioso.

De nuevo ganó Juan, impidiendo que el otro tomara una punta de la prenda para falar de ella y ver el contenido de aquel hatillo. Ya sumamente molesto, el guardián le amenazó con abrirla por la fuerza. Juan le plantó cara, sin agresividad, pero más firme que nunca, y el escándalo ante la puerta de la residencia episcopal creció de tono.

Fue tal la violencia de la situación en un determinado momento, que dos prelados ayudantes del obispo asomaron con curiosidad a ver lo que sucedía. Dándose cuenta de la situación, intentaron arreglar lo más amistosamente posible y sin nuevos escándalos, saliendo y acercándose a Juan Diego, a quien de buenas maneras rogaron que les dejara ver, cuando menos, un poco de lo que contenía aquella tilma, para ver de qué se trataba.

Él no estaba estaba dispuesto a ceder pero finalmente, y por tratarse de dos religiosos, les permitió ver algo del contenido de su prenda, lo menos posible. Pero eso ya fue suficiente para deslumbrar a ambos prelados que, estupefactos, contemplaron las flores más hermosas que jamás vieran en su vida, envueltas en un perfume embriagador, y eso en una época en que no podían florecer, especialmente las llamadas «rosas de Castilla» que mostraban todo su esplendor en medio de aquella masa de flores apenas entrevista.

Uno de los sacerdotes trató de arrebatarle el ayate a Juan Diego para poder ver mejor toda aquella maravilla. El otro intentó tomar con sus manos alguna de aquellas flores. Juan evitó que le despojasen de la prenda y, para sorpresa del otro religioso, las flores que pretendía tomar se escapaban de sus manos, resbalando como algo vivo que se negase a ser tomado.

Presenciando esa insólita escena uno de los oficiales de la guardia, se sintió impresionado y preocupado, por lo que se apresuró a ir en busca del obispo para narrarle lo que estaba sucediendo ante las puertas de su residencia.

El obispo Zumárraga, que no tenía ni idea de la presencia de Juan Diego ante su casa, dio orden inmediata de que trajeran al indígena a su presencia sin pérdida de tiempo. Por un momento, incluso pensó que su visitante le traía aquella prueba o señal que él le había pedido, aunque consideraba que ello era imposible.

Al entrar Juan Diego en la estancia episcopal, encontró al prelado en compañía de hombres importantes de la ciudad, entre los que se encontraba don Sebastián Ramírez, nuevo gobernante de México. El obispo le ordenó hablar, pese a todo, llamando de inmediato a su traductor, Juan González, para que le sirviera de intérprete una vez más. Entonces, comenzó Juan Diego su relato, explicando detalladamente al obispo todo cuanto había sucedido aquel mismo día en el cerro del Tepeyac.

El obispo escuchaba en silencio, no demasiado convencido todavía, mientras la tilma continuaba hecha un hatillo a los pies de Juan Diego, sin mostrar la totalidad de su contenido. Por fin, cuando el visitante llegó al momento en que la Virgen le diera su último mensaje para él, llegó el momento de abrir definitivamente la tilma.

El prelado dudaba de que aquella tela, al abrirse, pudiera mostrar las maravillosas flores que mencionaba Juan y que, ya de por sí, constituirían un verdadero prodigio en aquella época del año, pero aun así, trataba interiormente sin duda de hallarle una explicación al hecho, por sorprendente que éste fuera, si de verdad, como Juan Diego decía, había en aquel envoltorio tal cargamento de flores.

Emocionado, sintiendo temblar sus manos por la trascendencia del instante que iba a vivir, Juan Diego extendió la tilma y la abrió ante los ojos de los presentes.

El asombro fue unánime. Aquellas bellísimas flores se desparramaron, desprendiéndose en un irisado caudal, y era tal la hermosura y resplandor de aquella florida carga, que el obispo sintió borrarse

77

todas sus dudas, empezando a comprender que aquello sí podía ser la señal que había pedido, y que la Santísima virgen se dignaba enviarle, como la mayor de las pruebas posibles.

Pero lo más grande, el verdadero milagro, estaba por venir. Al alzar sus asombrados ojos hacia Juan Diego, por entre aquella cascada luminosa de flores como caídas del mismo cielo, los ojos del obispo se clavaron, atónitos, llenos de incredulidad, en la abierta tilma de Juan Diego, extendida y sin flores ya en su interior.

¡En aquella humilde y tosca prenda del indio, se podía ver, perfectamente dibujada sobre el tejido, la figura de la Virgen María, madre de Dios, plasmada en una perfectísima imagen!

Un silencio profundo reinó en la sala. Los rostros de todos los presentes, ya fueran personajes ilustres, ya meros servidores, palidecieron de emoción. Como de mutuo acuerdo, fueron cayendo todos de rodillas, con el obispo al frente, delante de aquella visión impresa en la tela, como si la propia Virgen se hubiera aparecido allí, ante ellos, tal como aseguraba haberla visto Juan Diego.

Incluso éste, pese a tener ya experiencia en verse ante la Madre de Dios, quedó sobrecogido ante la señal de su tilma, que era la reproducción exacta de la imagen misma que él viera ante sí por cuatro veces consecutivas en el cerro del Tepeyac. Difícilmente se llegó a dar cuenta, en aquel momento, de la grandeza indiscutible de la prueba que la Virgen había puesto en sus manos para convencer a los que no creían en sus palabras.

Al obispo Zumárraga le costó salir de su asombro y recuperar la noción de las cosas. Cuando lo hizo, le pidió a Juan Diego que le entregara aquella divina tilma sin pérdida de tiempo, y se quedara allí a pernoctar, como invitado suyo, a la espera de que al día siguiente ambos fueran juntos al cerro, para contemplar el lugar donde se apareciera la Señora.

Se despojó Juan de su humilde prenda de vestir, que el obispo trasladó de inmediato a su oratorio, donde poder admirarla con mayor detenimiento e ir dándose cuenta de los reveladores detalles de la imagen allí impresa, que en modo alguno podía haber sido realizada por hombre ninguno, sin ser trazada por mano humana de ninguna clase. La señal era evidente. Él la había pedido, y la Virgen se la había dado.

La noticia no se podía mantener en modo alguno en secreto. Unos se la transmitían a otros y así, de boca en boca, corrió por toda la ciudad; todo el mundo se enteró del prodigio, y a la mañana siguiente, mientras el sagrado ayate era conducida a la catedral en medio de todas las medidas de seguridad para evitar cualquier deterioro, era una impresionante multitud la que siguió a las autoridades eclesiásticas en su procesión solemne, portando aquella maravillosa señal enviada por la propia Virgen. Tras esa ceremonia, el obispo Zumárraga recordó a Juan Diego, con lágrimas en sus ojos todavía, y suplicándole una y otra vez que perdonara sus dudas y sus recelos anteriores, que tenían que acudir juntos al cerro, como así se hizo justamente aquel mismo mediodía.

Juan Zumárraga y una serie de religiosos ayudantes de éste se encaminaron al Tepeyac, contemplando la tierra donde la Virgen quería que se alzara su templo. Naturalmente, ni la menor huella de flores hallaron en aquel pedregal, ni ninguna aparición surgió ya ante los ojos de aquel grupo, puesto que solamente Juan Diego había sido el elegido para vivir de cerca el prodigio y ser heraldo y portavoz de él.

Pero ya no había dudas ni incredulidad en el obispo ni en sus acompañantes, por lo que comenzaron a hacer sus propios cálculos sobre cómo elevar allí un hermoso templo que estuviera a la altura de las circunstancias, digno de la Santísima Virgen y que cumpliera debidamente sus deseos.

Para Juan Diego, sin embargo, ya todos aquellos trámites sobraban. Él había cumplido su misión, y de nuevo los temores y la preocupación sobre el estado de salud de su tío Juan Bernardino ocupaban su mente, pese a la promesa de la Virgen de que ya estaba sanado de su mal.

Pidió por tanto permiso al obispo para ausentarse, explicándole las causas, y el prelado se apresuró a concedérselo, prometiéndole toda clase de rogativas por la salud de aquel tío suyo tan enfermo. Sin pérdida de tiempo, Juan Diego partió rumbo a su casa, con aquel andar suyo, ligero e infatigable, ansioso por comprobar si, realmente, la Señora había salvado a su tío de la muerte cierta que le aguardaba.

El obispo, dándose cuenta de su estado, y lleno de gratitud y de admiración hacia aquel humilde y esforzado indígena que había sido escogido para tan alta misión, se apresuró a pedir a algunos de sus empleados que fueran tras él y se unieran a Juan, para así cubrir juntos el camino hasta su casa, por si precisara de cualquier ayuda si las cosas habían ido mal.

Aceptó Juan de buen grado la compañía, pues en el fondo no podía evitar ciertos temores que aún luchaban contra su fe ciega en la Señora y sus promesas, y todos ellos juntos recorrieron la distancia hasta la vivienda donde había dejado agonizante a su querido tío.

Apenas llegados allí, el nuevo milagro fue ostensible a ojos de Juan Diego y de sus acompañantes. La Virgen había hecho el prodigio. Su palabra divina se había cumplido, y Juan se avergonzó por haber llegado a dudar de ella, mientras la mayor de las alegrías embargaba su ser.

Su tío se hallaba totalmente sano, recuperado de su gravedad anterior, sin sentir dolor alguno. La terrible fiebre había desaparecido totalmente, y de aquel mal que iba a llevarle a la tumba no quedaba ni el menor vestigio.

Eso sí, mostró su profunda sorpresa al ver aparecer a su sobrino en compañía de dos personajes importantes del obispado de México, y le preguntó a qué se debían esos insólitos honores en ellos, que eran gente sencilla y sin importancia.

Juan le refirió punto por punto toda la historia, haciendo especial hincapié en el momento en que la propia Virgen María le prometiera que podía ir tranquilo, puesto que su tío había sanado, motivo por el que pudo cumplir las instrucciones de la Señora e ir al palacio episcopal a cumplir la misión encomendada.

Alrededor de la casa se había formado ya para entonces un verdadero tumulto de vecinos y gentes del lugar, ansiosas por conocer detalladamente todo aquel cúmulo de acontecimientos iniciado con la milagrosa mejoría de Juan Bernardino y culminado con el regreso de Juan Diego en compañía de personas importantes del entorno del obispo.

Su tío, entonces, le narró lo que había sucedido en su ausencia, lo cual confirmaba en todo lo que acababa de referir Juan. Le explicó cómo de una forma súbita, cuando ya sus últimas fuerzas le abandonaban, y renunciaba a toda lucha posible contra su mal, puesto que la muerte era inevitable, la habitación en que yacía se había visto inundada de luz, como si el mismo sol hubiera penetrado en ella, y en medio de ese resplandor aparecía la imagen de una figura virginal, bellísima y esplendorosa, de la que parecía brotar una paz singular, realmente celestial.

Justo en ese momento, Bernardino sintió que la fiebre y el dolor huían de su cuerpo, que sus fuerzas volvían a todo su cuerpo y la mortífera enfermedad remitía de forma milagrosa e inexplicable. Le refirió cómo, al sentirse sano y fuerte, lo primero que hizo fue caer de rodillas ante la Virgen, agradeciendo su intercesión para sanarle, y que ella misma, con voz que sonaba como un angélico coro, le respondía que no temiera por su sobrino, que estaba cumpliendo una misión que le había encomendado.

Le refirió que llevaba consigo, en su propia tilma, su propia imagen impresa, como prueba de que todo cuanto había narrado al obispo era cierto, e incluso le reveló el nombre con el que deseaba ser conocida a partir de entonces en todo el mundo, por su aparición ante un humilde campesino mexicano.

Sorprendido, Juan Diego oyó por boca de su tío el deseo de la Señora de ser conocida desde entonces con el nombre de la Virgen Santa María de Guadalupe, y que ésa era su voluntad y así debía de ser.

Este punto de la historia de las apariciones de la Virgen y del propio relato de Juan Diego y del que refirió su tío, han sido desde entonces motivo de discusión e incluso de discordia dentro mismo de la Santa Iglesia Católica, puesto que para los indígenas de México el nombre de «Guadalupe», en sí, nada significaba, y se pensaba que la traducción hecha de las palabras de Bernardino o no era correcta, y no se ajustaba por completo a la realidad, o había alguna deformación inexplicable en aquella denominación que, en sí misma, no tenía para los mexicanos el menor sentido.

Además, en lengua náhuatl, o azteca, la palabra «Guadalupe» ni existía, aparte de que dos de sus letras, concretamente la D y la G, no tienen pronunciación. Se supone que Bernardino, en su relato al intérprete González, mencionaría en su lengua la palabra *Tequatlaxopeuh,* cuya pronunciación es la de «Tecuatlasupe», y posiblemente con el paso del tiempo los españoles fueron españolizando aquellos vocablos indios, adaptándose al de «Guadalupe», que sí era conocido, y mucho, en la tradición española religiosa, puesto que en España ya existía entonces un santuario mariano con tal nombre.

Aun así, el obispo se sintió desorientado y perplejo ante la semejanza oral de la palabra aplicada a la Virgen, al parecer por expreso deseo de ella misma. Además, se dio cuenta de otro detalle que producía auténtico sobrecogimiento pensarlo: el término azteca *Tequatlaxopeuh* tenía un concreto significado, que era el de «la que ahuyenta a aquellos que nos devoran», o en otra acepción de su sentido, el de «la que es vencedora del demonio».

No, esa mención no podía ser casual ni equivocada. Ahora, en lo que respecta a que el nombre de la Virgen fuera el de «Guadalupe», ofrece todavía muchas dudas a los estudiosos, que se debaten entre la posibilidad de un error de transcripción, una deformación castellanizada de la palabra o bien un oculto designio de la Señora, por buscar un paralelismo más cercano al de la devoción española por la Virgen de Guadalupe.

Más adelante, cuando estudiemos las investigaciones efectuadas por teólogos y científicos en torno al hecho del Tepeyac y a la propia presencia de la Señora en su cima, veremos toda una serie de teorías y conclusiones de los expertos que han analizado el tema, sobre el verdadero sentido que pudo tener el nombre que la Virgen María quiso que se le diera en su adoración por parte del pueblo indígena de aquellas tierras.

Pero lo cierto es que las declaraciones de Bernardino en todo confirmaban el relato del propio Juan, y el obispo comprendió que se hallaba, realmente, ante la manifestación de un milagro evidente, sobre el que pocas dudas empezaba a haber en su mente, por mucho que la razón se obstinara en presentar objeciones de pura lógica y razonamiento materialista y frío.

Algo grande, muy grande, había sucedido en aquel ignorado lugar de México, algo que Zumárraga presentía que iba a tener un alcance muy superior a todo lo imaginable, y que iba a hacer historia no sólo en aquellas tierras, sino en todo México, posiblemente en toda América, en todo el Nuevo Mundo en concreto y, ¿por qué no?, acaso andando el tiempo en el orbe entero.

María, Madre de Dios, se había aparecido a un sencillo hombrecito, honrado y simple, insignificante y pobre, eligiendo el más humilde entre los humildes, provocando una auténtica conmoción en torno suyo. Por segunda vez en la Era cristiana, el más sencillo entre los sencillos, el más pobre entre los pobres, era escogido por designio divino para protagonizar un hecho glorioso. Dios volvía a señalar a un ser sin relieve aparente para ser vehículo de su fe. Antes había sido al elegir a su propio Hijo. Ahora, era al escoger al hombre que debía revelar a los demás el gran misterio mariano, la presencia de la Madre de Dios entre los hombres, para dar a un pueblo la posibilidad de unirse en una fe común, que les uniera por su devoción y su culto a ella.

Tras cuatro apariciones milagrosas, la Verdad parecía sobradamente demostrada, al menos a ojos del obispo Zumárraga, que podía ver con sus propios ojos aquella humilde tilma de un pobre campesino indio convertida en la imagen de la Virgen, milagrosamente impresa por voluntad de la Madre de Dios.

No podía todavía, por la proximidad del hecho portentoso, imaginar o intuir las consecuencias del mismo, pero bien seguro estaba de que aquello iba a marcar un hito, de allí en adelante, sobre todo en un pueblo que muy recientemente había sido despojado de su fe en los antiguos dioses y en sus divinidades seculares.

Sabía, en el fondo de su alma, que las cosas ya nunca iban a ser iguales. Que ahora había algo capaz de aglutinar sentimientos, emociones, culto y esperanzas de todo un pueblo hasta entonces sacrificado y humillado: los indígenas de México tenían a *su* Virgen.

Su Virgen.

Y eso sí que podía ser definitivo.

Capítulo VII

— Después de las apariciones —

E N el *Nican Mopohua,* verdaderamente crónica de los hechos con que contamos desde aquellas fechas para conocer cómo tuvieron lugar los prodigiosos acontecimientos en torno a la figura de Juan Diego en su momento, los últimos versículos del mismo narran así el desenlace de la cuarta y última aparición de Nuestra Señora de Guadalupe:

208. *Y que bien así la llamaría, bien se nombraría «La Perfecta Virgen de Santa María de Guadalupe».*

209. *Y luego trajeron a Juan Bernardino a la presencia del gobernante obispo, lo trajeron a hablar con él, a dar testimonio.*

210. *Y junto con su sobrino Juan Diego, los hospedó en su casa el obispo unos cuantos días.*

211. *En tanto que se levantó la casita sagrada de la niña Reina allá en el Tepeyac, donde se hizo ver de Juan Diego.*

212. *Y el señor obispo trasladó a la iglesia mayor la amada imagen de la amada niña celestial.*

213. *La vino a sacar de su palacio, de su oratorio donde estaba, para todos la vieran, la admiraran su amable imagen.*

214. *Y absolutamente toda esta ciudad, sin faltar nadie, se estremeció cuando vino a ver, a admirar su preciosa imagen.*

Y concluyen los versículos del *Nican Mopohua* de este modo:

215. *Venían a reconocer su carácter divino.*
216. *Venían a presentarle sus plegarias.*
217. *Muchos admiramos en qué milagrosa manera se había aparecido.*
218. *Puesto que absolutamente ningún hombre de la tierra había pintado su sagrada imagen.*

He aquí el fidedigno final del *Nican Mopohua*, tal como ha sido traducido del original en lengua náuhatl por don Antonio Valeriano, relativo a la milagrosa aparición por cuatro veces de la Santísima Virgen en el cerro del Tepeyac.

Véase con qué rotundidad se expresa el último de sus doscientos dieciocho versículos: «que absolutamente ningún hombre de la tierra había pintado su sagrada imagen». Es un modo de reflejar cómo fue admitida la veracidad de la «señal» o «prueba» que el obispo Zumárraga pidiera en su día a Juan Diego para convencerse de que todo aquello que el indígena contaba no era ninguna superchería. Gente importante había en México, y no tontos eran los miembros de la propia Iglesia, por no hablar de entendidos en arte, sobre todo en pintura nativa, para aseverar tal cosa con tanta firmeza.

Porque, ¿qué pintor de entonces, entre el pueblo indio, ni siquiera fuera de este mismo pueblo, podía pintar con tal exactitud y detalle, encima de un burdo tejido de vestir de un labriego, semejante imagen? Además, ¿a quién podía conocer el pobre Juan Diego, capaz de hacer una pintura semejante, él, que no conocía sino a vecinos y amigos, indígenas pobres y campesinos como él, para encargarle nada menos que un retrato de la Virgen como el que se puede admirar hoy en día en México?

¿Pudo esa Virgen guadalupana que todos podemos ver con nuestros propios ojos, ser obra de un pintor indio del campesinado? ¿Pudo hacerla un aficionado, o un profesional de la pintura, en pleno siglo XVI, en las tierras mexicanas donde moraban los indios desposeídos de todo por la barbarie dominante de los conquistadores?

¿Algún conquistador español podía ser un artista de semejante talla y cooperar como cómplice de un simple indito del campo en semejante superchería?

Las respuestas no son difíciles de encontrar, y todas pueden expresarse igual: rotundamente, NO. Que Juan Diego hubiera sido capaz, por sí o por la mediación y ayuda de alguien, de falsear una imagen de la Virgen tal como la vemos en su ayate, hubiera supuesto un milagro casi mayor que si se acepta la versión de Juan Diego. Por tanto, no queda sino admitir, guste o no, que resulta poco menos que imposible hallarle *otra* explicación a los hechos.

Claro que los enemigos de esa historia, los que niegan sistemáticamente su carácter milagroso, encuentran mil y una argucias y artimañas, más o menos creíbles, para justificar las cosas y tratar de demostrar que el supuesto milagro fue un arreglo, por la simple lógica utilizada como único argumento, les deja en bastante mal lugar.

Se ha llegado a afirmar que todo fue un montaje de la propia Iglesia católica que, apoyada por los jefes de la conquista, idearon un plan maestro para provocar una colectiva fe en los pueblos indios reacios a admitir el cristianismo como religión propia, y que para ello utilizaron a un humilde indio cualquiera para sus fines, al que convencieron para que hiciera su papel en la trama y le entregaron una tilma convenientemente pintada por un artista español.

Esta historia no se sostiene por parte alguna, puesto que un indio tan honesto como Juan Diego hubiera sido incapaz de mentir hasta tal punto, engañar a los suyos y menos aún ser tan buen actor como para embaucar nada menos que a todo un obispo Zumárraga, que podía ser cualquier cosa menos tonto.

A esa réplica, se apresuran a argumentar, incluso, que el propio Juan Diego es un ente ficticio, que nunca existió, y que la farsa llegó al extremo de «inventarse» la existencia de un indio que nunca llegó a existir, como elemento fundamental de la historia pergeñada para introducir la nueva fe en el país, en forma de adoración a una Virgen autóctona.

Es otra teoría que se desmorona fácilmente, puesto que hay evidencias claras, pese a lo confuso de la época y lo distante que de la misma estamos, de que, en efecto, Juan Diego nació, vivió y murió, pues el propio redactor del *Nican Mopohua,* respetable miembro de la comunidad indígena, don Antonio Valeriano, fue el encargado de firmar en su día el acta de defunción de Juan Diego.

Por si eso fuera poco, existen otros documentos, de los que hablaremos en su momento, cuando nos refiramos a todo lo relativo al caso Juan Diego y a todas las controversias que su persona ha creado, en los que se menciona el nombre del indio Juan Diego por diversas causas.

Lo único cierto e incontrovertible es que el obispo de México por entonces, fray Juan de Zumárraga, se apresuró a levantar en el cerro del Tepeyac, como bien dice el *Nican Mopohua,* una «casita» o templo provisional, una especie de pequeña ermita, que fuera capilla momentánea para quienes quisieran ir a venerar a la Virgen en el lugar mismo en que se apareciera a Juan Diego.

Para su construcción se contó con la colaboración voluntaria tanto de indígenas como de españoles que, en común esfuerzo, y en sólo un par de semanas, levantaron la capilla provisional. Pero eso era únicamente una edificación temporal, ya que hasta diciembre de 1531 no se podría realmente llevar allí la sagrada imagen de la Virgen, para ser expuesta a los fieles, cuando ya se alzaba allí un templo adecuado, tal como la Señora había pedido a Juan Diego en sus apariciones.

Se habla, con motivo de la inauguración de este templo, de otro presunto milagro realizado por la Virgen, aunque de éste la Iglesia no ha reaccionado con igual premura ni credulidad, optando por la prudencia, como suele hacer en tales casos. Se refiere ello a que, según el decir popular, con motivo de los festejos llevados a cabo en toda la región, en torno a la inauguración del templo, y mientras la milagrosa efigie era llevada hasta allí con toda la solemnidad del caso, el júbilo de los nativos era tal que incluso se dedicaron muchos de ellos a lanzar flechas al aire con sus arcos, en señal de entusiasmo, del mismo modo que los españoles hubieran podido disparar salvas en su honor.

Desgraciadamente, una de esas flechas alcanzó a un indio con tan mala suerte que le atravesó el cuello, dejándole muerto en el acto. Se produjo entonces una gran manifestación de dolor por aquella desdicha que empañaba la alegría natural de la jornada, y se llevó al difunto hasta los pies mismos de la Virgen, en medio de llantos y súplicas, como si las buenas gentes esperaran otro milagro por parte de Nuestro Señora en aquel doloroso trance.

Dicen las crónicas de entonces que, en efecto, el milagro se produjo, ante el asombro y admiración de todos, y que de pronto el hombre aparentemente sin vida abría sus ojos y se incorporaba, como si nada hubiera sucedido.

Aquel suceso prodigioso provocó la natural reacción de júbilo y entusiasmo entre las gentes, llegando a unirse en fraternales abrazos españoles e indios, como si aquel hecho fuera capaz de unir a los que siempre habían estado enfrentados. Se habló mucho del «milagro» realizado ante los ojos de toda una multitud por la Virgen de Guadalupe, pero en torno a este hecho las autoridades eclesiásticas, incluido el obispo Zumárraga, mantuvieron siempre un prudente silencio, sin llegar a pronunciarse sobre el mismo en uno u otro sentido.

Y a todo esto, ¿qué era de Juan Diego, artífice verdadero de todas aquellas efemérides gloriosas del pueblo mexicano en torno a su Patrona de ahora, y protagonista involuntario pero indiscutible de todo el milagro ofrecido por la Virgen al pueblo olvidado de todos y humillado tantas veces?

El obispo no se olvidaba de él en absoluto, era mucho lo que estimaba y admiraba en aquel sencillo pero tesonero y esforzado campesino, que con tanta obstinación y tenacidad había defendido la sinceridad de sus palabras y la realidad de unos hechos en los que nadie había creído.

Lo primero que hizo fue pedirle, apenas levantado aquel templo del Tepeyac, que fuera el cuidador de la nueva capilla, cargo que debía desempeñar de por vida, y trasladó su vivienda a una habitación en aquel templo, donde se alojaría en lo sucesivo.

Juan Diego aceptó con entusiasmo aquel ofrecimiento, que iba a permitirle vivir siempre cerca de la amada y amante Señora que le había elegido a él como portavoz de su sagrada voluntad. Se sabe de él que, efectivamente, hasta el fin de sus días permaneció allí al cuidado de la capilla y de la Virgen.

Hay quien ha advertido en esta decisión del obispo algo más que simple afecto, agradecimiento o cualquier otro sentimiento parecido hacia Juan Diego; hay también una astuta y bien calculada habilidad política, ya que había la seguridad absoluta de que, estando Juan Diego al cuidado de aquella capilla, él, que era un nativo del lugar y que por tanto se expresaba en el lenguaje *náhuatl* de aquellas gentes, sería un perfecto transmisor de las ideas de la fe cristiana de todos los de su raza, puesto que el nombre de Juan Diego era ya famoso en el país entero.

Si es así, tampoco es que haya nada que objetar a los fines del obispo, puesto que su misión consistía, a fin de cuentas, en difundir la fe cristiana lo más posible, y nadie como Juan Diego podía llevar a cabo tal tarea entre los suyos.

Y, efectivamente, las cosas fueron así como él deseaba, si es que hemos de creer a los que vieron en su comportamiento esa finalidad concreta. Juan Diego era hombre que se entusiasmaba hablando de la Señora y, por tanto, de la propia fe católica, influyendo, y mucho, en el antiguo pueblo azteca que, poco a poco, y siguiendo la palabra de Juan Diego, se fue convirtiendo a la nueva fe con mucha más facilidad que escuchando a los misioneros, de quienes muchas veces desconfiaban. También el hecho de que aquella Virgen impresa en el paño fuera morena, como lo eran ellos, y hubiera hablado a Juan Diego en su propia lengua, como él no se hartaba de explicar, ya que si no, ¿cómo iba él a entender cuanto la Señora le dijera en sus apariciones?, también tuvo su influencia en la decisión de miles y miles de nativos de convertirse espontáneamente al cristianismo, aceptando de buen grado el bautismo y cambiando sus complicados nombres naturales por los nuevos nombres del santoral católico.

Como se ve, la labor de Juan Diego fue mucho más allá del hecho mismo de ser personaje principal de los milagrosos acontecimientos del Tepeyac, puesto que su palabra, su propia fe, su contrastada sinceridad al narrar aquellos sucesos prodigiosos que él había vivido, eran más eficaces que la presencia de cientos de misioneros y de sus pláticas religiosas, para que los naturales del país se abrazaran felices a aquella fe a la que en principio habían sido tan reacios, por pensar que con ella pretendían destruir sus antiguas creencias a viva fuerza.

Que había habido mucho de esto último, nadie lo pone en duda. Y que la tiranía de muchos religiosos llegó a superar incluso la de los propios militares y soldados invasores, tampoco. Por eso, en medio de aquella agobiante presión que los nativos sufrían por parte de los evangelizadores que tanto les presionaban para cambiar su fe, la presencia, la voz y la persuasión de un hombre como Juan Diego era como un bálsamo que les aliviaba y, de forma insensible y voluntaria, les hacía ver lo que tenía de bueno aquella nueva fe, infinitamente mejor que todos los métodos empleados por los religiosos llegados de la lejana España.

Lo cierto es que la Iglesia católica tiene mucho que agradecer a la figura de Juan Diego en cuanto a la conversión y evangelización de México, así como a la paulatina aglutinación de pueblos y pueblos a la devoción hacia la Santísima Virgen de Guadalupe, a quien admitían y consideraban todos como su patrona, aun antes de cualquier pronunciamiento oficial de la Iglesia en ese sentido. Para la población indígena de México, la Virgen guadalupana era ya la única y auténtica Patrona de todos, sin necesidad de que se proclamara así por parte de la autoridad eclesiástica.

Se dice que las conversiones en unos pocos años, solamente en México, alcanzaron la asombrosa cifra de casi diez millones de nuevos conversos, evangelizados posiblemente en el acontecimiento más amplio e importante que tuvo en mucho tiempo la expansión de la Iglesia católica.

Y la Iglesia sabía muy bien que esa gigantesca evangelización sin precedentes se debía en su mayor parte, por no decir en su totalidad, a la existencia de un hombre llamado Juan Diego y al valor de su simple palabra ante los suyos.

Resultaba sorprendente, en verdad, que pueblos enteros, aferrados todavía a sus antiguas creencias aztecas, e incluso partidarios aún, pese a cuanto les dijeran, de todas sus viejas deidades y hasta de la necesidad de sacrificios humanos a sus dioses, dejaran de repente todas esas convicciones, con una brusquedad inexplicable, y se pasaran en bloque a las nuevas creencias que habían rechazado durante años y años incluso de forma violenta.

Todo ello no podía tener otra explicación que aquel hecho unificador y sublime que tuvo por escenario el Tepeyac, y por único testigo a uno de los suyos, un hombre a quien se le podía creer sin duda alguna, un sencillo campesino indio como ellos, llamado Juan Diego. Y por consecuencia natural, que la Virgen aparecida allí era, por tanto, la imagen que debían venerar como propia, y que les hablaba de amor y de bondad, y nunca de crueldades ni de violencias.

Gustosamente dejaron todos ellos sus antiguas creencias, por tanto, para dejarse evangelizar sin un solo conato de rebeldía, incluso por propia voluntad, ante la sorpresa y desconcierto de muchos de los evangelizadores, que habían afrontado la que ellos consideraban una ardua tarea, convencidos de sus dificultades para ganarse nuevos cristianos. Y, para asombro suyo, esos nuevos cristianos no necesitaban de su esfuerzo para venir hacia ellos dócilmente, con una fe profunda, imposible de imaginar sin la aparición de la Virgen en el cerro.

Para reforzar este argumento podemos acudir a la opinión de algunos expertos en la materia, incluso de tiempos muy posteriores al de los acontecimientos que estamos estudiando y revisando en esta obra, como puede ser el doctor Ibarra de Chilapa, predicador del siglo XIX, quien en referencia a los hechos acaecidos en torno a las apariciones de la Virgen de Guadalupe en el Tepeyac siglos atrás, refiere, entre otras cosas, que los misioneros españoles, antes de aquel suceso milagroso, encontraban obstáculos casi infranqueables entre los naturales del país para su misión evangelizadora, puesto que «aquellos nativos se resistían a dejar su paganismo, y por otra parte existían las dificultades naturales de tener que aprender lenguas distintas para ello. Pero tras la aparición de la Virgen, todo cambió».

Eso es bien cierto, porque desde entonces las conversiones de nuevos fieles a la Iglesia de cristo empezaron a producirse con tanta celeridad como abundancia, hasta límites de verdadero asombro, y según el propio Ibarra de Chilapa, «aquellos nativos cambiaban su anterior modo de vida, en ocasiones algo salvaje, y adoptaban la nueva fe con tal devoción, que juraban no volver a derramar nunca más ni una gota de sangre», contra lo que sus viejas creencias admitían como natural e incluso obligado por designio de sus dioses.

Estamos, por tanto, ante un fenómeno indiscutible e indiscutido, que da fuerzas y vigor a la historia de Juan Diego y de su prodigiosa experiencia. Sin él, parece evidente que las cosas no hubieran podido ser nunca así.

Y de ese modo lo ha entendido la Iglesia, no sólo en su momento, en que era tarea relativamente sencilla tener un censo aproximado de la inmensa cantidad de nuevos fieles con que contaba el cristianismo en México, sino mucho más tarde, cuando se decidió llevar a cabo el proceso de canonización de Juan Diego, que a juicio de muchos bien merecía el honor de santidad que, implícitamente, le había concedido ya la propia Virgen al hacerle testigo de sus apariciones y portavoz terrenal de sus designios, no dudando, incluso, en dar una prueba a los incrédulos de que aquélla era su voluntad.

Y esa voluntad, además, había tenido por mensajero a un hombre en quien nadie creía y que ni él mismo se imaginaba capaz de llevar a cabo la magna tarea de convencer a los demás de algo que solamente él había presenciado.

El proceso de beatificación iba a encontrar numerosos obstáculos para llegar a hacerse efectivo, contando incluso con la resistencia de una importante parte del clero romano, contrario a que fuera beatificado un hombre de quien tan poco se sabía e incluso de quien muchos albergaban dudas sobre su papel en el milagro, cuando no ya de su propia existencia real.

De todo ello hablaremos ampliamente en el apartado que recoge todo ese aspecto de la trayectoria de Juan Diego hacia los altares, muy distante en el tiempo de su propia existencia, de su vida y de su muerte, aunque es posible que a él nunca le hubiera preocupado demasiado que los hombres se fijaran en su humildísima persona para intentar investirla de santidad, porque es probable que él se considerara ya santo de por sí, por el solo hecho de haber servido a la Reina de los Cielos y de haberla servido en todo como ella le pidió.

No era Juan Diego hombre para soñar con grandezas humanas, pero tal vez sí merezca cuando menos las divinas, que ya le fueron concedidas en su día por el solo hecho de ser quien fue, de ver lo que vio y de hacer lo que hizo, al margen de toda opinión o crite-

rio de los demás, incluso aunque estos que le juzgaban fueran prín-
cipes de la Iglesia.

¿Qué mejor príncipe de la Iglesia que un hombre de pobre cuna,
de raza india, de extracción modestísima, oscuro y casi ignorado,
pero que pese a ello había sido escogido por designio divino para
servir de vehículo a la propagación de la fe entre todo un pueblo de
diferente credo y distinta laguna?

¿Qué mejor grado de santidad que el que pudo otorgarle la
Virgen Santísima, las autoridades eclesiásticas del momento y el pueblo todo de su país, cuando el milagro tuvo lugar? ¿Alguno de entre los que le negaron y le niegan todo derecho a esos divinos honores puede presumir de haber visto cara a cara a la Madre de Dios?
¿Alguno de sus detractores escuchó alguna vez la voz misma de la
Virgen pidiéndole algo y ese algo él pudo cumplirlo obedientemente,
luchando contra la incomprensión de todos los demás?

Pues si ello ha sido así, como así parece que ha sido, a menos
que alguien pueda rebatirlo con razones de peso y con pruebas contundentes, Juan Diego sigue siendo muy superior a todos los posibles detractores que le surjan, incluso en el seno de la Iglesia que
tanto le debe.

Y, por si todo lo narrado fuera poco, sigamos la vida de Juan
Diego, después de las apariciones, hasta su momento final, en que
entregaría el alma a aquel Dios al que tanto amó.

Capítulo VIII

— La vida de Juan Diego —

A PARTIR de la última de las cuatro apariciones de que nos habla con su bello lenguaje el impagable documento de don Antonio Valeriano, el tan mencionado *Nican Mopohua,* es cuando el relato de los hechos se tiene que hacer a través de personas o testigos contemporáneos que conocieron y trataron por una u otra razón a su protagonista, Juan Diego.

¿Qué fue de la vida de éste, una vez cumplida tan hermosamente su sagrada misión en el mundo, por voluntad de la Virgen?

Ya hemos mencionado el hecho trascendente de que el obispo Zumárraga, que tanto había dudado de él, pero que luego tanto confió en aquel mismo terco visitante de su sede episcopal en la ciudad de México, cuando los demás le rechazaban, le concediera una habitación donde vivir justamente en la misma capilla erigida en honor de la Virgen guadalupana sobre el cerro del Tepeyac.

Y fue trascendente ese hecho, porque permitió a Juan Diego cambiar su vida, dejar sus tierras y su casita de siempre, para convivir con la Señora, cerca de ella, pudiendo contemplar día tras día su humildísima prenda de vestir, convertida ahora en objeto de culto de todo el pueblo mexicano, gracias a la milagrosa imagen en ella impresa.

Ahora era él quien cuidaba de aquella tilma expuesta a la fe de toda una nación, a la admiración de propios y extraños, y era él quien tenía el privilegio de dormir y de vivir bajo el mismo techo que albergaba la efigie que él viera materializarse en el cerro hasta en cuatro ocasiones.

Juan Diego aprendió a hablar con todos los visitantes y fieles, narrando en su lengua nativa, y hasta después chapurreando aquel español de los conquistadores, que iba aprendiendo poco a poco a base de su contacto con los extranjeros, los sucesos maravillosos que habían dado pie al prodigio.

Era no sólo el cuidador de aquella preciada pieza de tela, sino el encargado de narrar a todos y cada uno los acontecimientos que le fueron dado vivir. Así transcurría su nueva vida, feliz por poder hablar de todo aquello que tanto significara en su sencilla vida de siempre.

Como hombre de buen conformar que siempre había sido, su vida seguía siendo en el fondo más o menos la misma de antes, llena de austeridad y de sencillez. Nada deseaba que ya no tuviera, y el obispo Zumárraga le había concedido, por si eso fuera poco, un privilegio por entonces muy poco corriente, como era el de poder comulgar hasta tres veces por semana.

La gente le admiraba y estimaba profundamente, y creían ver en él, mucho antes de que nadie pensara en ello, signos evidentes de santidad, tal era su humildad y su vida entre aquellos muros donde sabía recibir a todo el mundo y a toda hora con la misma solicitud y atención, satisfecho de que la gente escuchara su palabra, creyera en él y le respetara de modo tan especial.

Se sabe, por testimonios personales de gentes que, muy posteriormente, recordaban todavía lo que sus abuelos y antepasados les contaban sobre aquel hombre llamado Juan Diego, que siempre fue así como él vivió, que su devoción fue pareja con la austera humildad que siempre le había acompañado, y que incluso cuando escuchaba misa en la nueva capilla lo hacía entregándose por completo a la palabra de Dios y a los ritos de la religión cristiana.

Se le solía ver siempre solo, vivía en soledad, y al parecer aseguraba que él nunca estaba solo, porque tenía consigo a la Virgen Santísima, la Señora de Guadalupe. Se le llamó «el ermitaño», por parte de los propios nativos del país, y también otros le dijeron «el

Anónimo, siglo XVIII: *Verdadero retrato del siervo de Dios, Juan Diego.* Óleo sobre tela. Museo de la Basílica de Guadalupe.

Juan Dualde, atr: *Escena de la cuarta aparición, siglo XVII*. Óleo sobre tela.
Museo de la Colegiata de San Luis, Villagarcía de Campos, Valladolid.

Anónimo: *Juan Diego, Siglo XVIII*. Óleo sobre tela. Museo de América, Madrid.

José de Mota: *Tercera aparición, 1720*. Óleo sobre tela. Museo de la Basílica de Guadalupe.

Francisco Carden: *Juan Diego arrodillado, 1777*. Óleo sobre tela. Museo de la Basílica de Guadalupe.

Anónimo, siglo XVII: *Juan Diego.* Escultura en alabastro. Museo de la Basílica de Guadalupe.

Miguel Cabrera, siglo XVIII: *Juan Diego.* Óleo sobre tela. Museo de la Basílica de Guadalupe.

Matías de Arteaga y Alfaro: *La cuarta aparición, 1686.* Grabado en metal.
Colección particular.

peregrino» por esa misma razón de verle siempre solitario. Pero se lo decían con cariño, con afecto y hasta con admiración, maravillados de que un hombre pudiera ser tan bueno y tan entregado a sus creencias, tan solícito con los demás y tan poco apegado a los bienes materiales de este mundo.

El simple hecho de que, al verle y hablarle, todos supieran que estaban viendo y hablando con el único ser que ellos conocían que había visto y hablado a la mismísima Virgen, ya le hacía diferente a ojos de todos, y en el fondo hablar con él era, en cierto modo, como relacionarse del modo más directo posible con la propia Virgen objeto de sus devociones.

Así transcurrieron para él los años, e incluso en su vejez se cuenta que volvió a producirse otro pequeño milagro en su vida, del que no se habla tanto, pero que tuvo, según viejas informaciones, un testigo de excepción: el propio obispo fray Juan de Zumárraga.

Se dice que, en cierta ocasión, llevado por una instintiva curiosidad, estando el obispo de visita en el templo, cuando ya era muy mayor Juan Diego, preguntó el prelado a éste por el punto exacto del lugar donde se le apareciera por última vez la Señora, allá al pie del cerro.

El bueno de Juan ya no tenía la memoria demasiado bien para recordar ciertos detalles, dada su avanzada edad, y dudó, sin acordarse exactamente del punto preciso en que tuvo lugar el milagro.

Entonces, justamente donde apareciera en aquella ocasión la Madre de Dios, brotó un manantial ante los ojos de ambos hombres. Al ocurrir el hecho, a la memoria de Juan acudió todo cuanto sucediera aquel lejano día y pudo señalar, sin lugar a dudas ya, que aquel punto en concreto, donde ahora surgía el agua de la tierra, era donde la Virgen se había aparecido la cuarta vez.

El obispo volvió a maravillarse por aquel nuevo acontecimiento que confirmaba, una vez más, la veracidad de Juan Diego en su historia, y demostraba, sin lugar a dudas, que él no había cometido error alguno al creer en su palabra.

Mientras tanto, el país entero vivía por entonces una época de calma y normalidad que durante mucho tiempo no había conocido. Por fortuna para todo el pueblo mexicano, aquella primera

Audiencia de tan nefastos recuerdos por la ineptitud y caciquismo de sus componentes y la brutalidad de los soldados a sus órdenes, era sólo un mal recuerdo para los naturales.

La Segunda Audiencia era la que regía los destinos de aquellas nuevas tierras del Imperio, y su cometido político y social era muy diferente, por lo que los abusos y malos tratos se habían terminado. Ello hacía que la gente viviera en un clima de sosiego y de normalidad como no había conocido antes, desde la llegada de los españoles.

Juan Diego nunca se había metido en cuestiones políticas, pero como indígena y como campesino había vivido todas las desgracias de su pueblo como uno más, y ahora, desde su puesto en la capilla, se daba cuenta de que las cosas iban mucho mejor para todos, y que los que venían a ver a la Virgen y a platicar con él ya no mostraban aquel aire de acobardamiento, de dolor o de ira que tan frecuente había sido ver en otros tiempos, por lo cual no se cansaba de darle gracias a la Señora.

En el año 1544, su tío Juan Bernardino, ya muy viejo, volvió a ponerse enfermo, pero en esta ocasión era ya cosa natural, puesto que contaba ochenta y cuatro años de edad y su vida en este mundo tocaba irremisiblemente a su fin.

Ante de irse para siempre, pudo afirmar a su querido sobrino, a sus amigos y vecinos, con peculiar entusiasmo, que de nuevo se le había aparecido la Virgen, esta vez para anunciarle que había llegado la hora de presentarse ante Dios y que debía aceptarlo así con resignación cristiana.

Juan Bernardino murió tal como había vivido, callada y resignadamente, e incluso afirmaron sus más allegados, entre ellos el propio y dolido Juan Diego, que se fue para siempre de entre los vivos con una expresión de dulce felicidad en el rostro, como si ahora estuviera viendo, más allá de donde nadie podía ver, el maternal rostro de la Madre de Dios y su propia aproximación al Señor.

Fue deseo expreso del obispo Zumárraga, tan amigo y protector de toda la familia, que el difunto fuera sepultado en la propia ermita levantada en honor de la Virgen, y así se hizo. De ese modo, Juan Diego, por entonces ya muy mayor también, podía orar ante su tumba todos los días del año, recordando al hombre a quien tanto quiso y que había sido para él como un verdadero padre.

Antes de todo eso, en una ocasión en que Juan Diego todavía no era el anciano que viera morir a su tío, se dice que el obispo, viendo trabajar tanto y tan sin descanso a Juan en las tareas de la capilla, le ordenó tomarse un descanso, una especie de pequeñas vacaciones, saliendo de allí y cambiando de vida por unos días, para poder volver reforzado a sus tareas.

A Juan no acababa de gustarle la idea de abandonar aquellas paredes, entre las que se sentía tan feliz, ni siquiera por un breve espacio de tiempo, pero acabó convencido por las palabras del obispo y aceptó que tampoco le vendría mal cambiar un poco de aires, siquiera por unos días, ver a sus gentes y amigos y vecinos de toda la vida —de su vida anterior, en realidad—, y decidió viajar a su pueblo natal, adonde no iba desde niño, y donde recordaba haber tenido, por cierto, una niñez sumamente feliz.

Juan afirmaba, además, que, si aceptó aquella sugerencia del señor obispo, fue porque, consultando con la Virgen, en sus oraciones y cotidianas charlas con ella en la capilla, la propia Señora le había aconsejado que era bueno para él tomarse un respiro en sus deberes para con ella, y vivir un corto tiempo en otros lugares, pensando sólo en sí mismo, aunque nunca le iba a faltar la presencia y el consuelo de su Madre y Señora, a él, que era, como siempre le llamara en sus apariciones, «el más pequeño de sus hijos».

Así, Juan emprendió el viaje, largo viaje por entonces, hasta su natal Cuauhtitlán, su pueblo. En él tuvo ocasión durante aquel período de descanso de evocar los viejos tiempos infantiles e incluso cómo conoció a su amada esposa, María Lucía, marchándose de allí, al casarse con ella, a vivir en Tulpetlac. Desde entonces, no había vuelto a su pueblo, y ahora la nostalgia le invadía, y el recuerdo de su nunca olvidada y querida María Lucía volvió a él con mayor fuerza que en ocasión alguna anterior, puesto que cada cosa que veía le recordaba a la mujer de su vida.

El obispo aprovechó la ocasión también para visitar Cuauhtitlán, en misión episcopal, y le pidió a Juan Diego que le acompañara en todas sus tareas, sabedor de que el indígena amigo tenía entre el pueblo una gran predicación desde que fuera elegido por la Virgen para pedir aquel templo en el Tepeyac.

Cierto que no todos los recuerdos de Diego eran buenos cuando andaba por su pueblo, porque le traía evocaciones dolorosas para él, que ya desde niño había sido enemigo acérrimo de los sangrientos sacrificios llevados a cabo por los sacerdotes aztecas, y había tenido que asistir personalmente a algunos de ellos, justamente en Cuauhtitlán, en los escalones de un templo que los soldados de Cortés derribaron durante su campaña de asedio a Tenochtitlán. Aquel templo de peldaños bañados en sangre humana era algo que le atormentaba durante muchas noches en sus sueños siendo niño, que nunca había logrado olvidar totalmente, y que ahora revivía de modo especialmente doloroso, estando como estaba al servicio de una Señora que sólo predicaba el amor a sus semejantes y nunca el odio ni la violencia.

Aquella corta experiencia de su viaje y la convivencia con el obispo Zumárraga en las que fueran sus tierras natales, donde comprobó que se le quería, se le admiraba y se creía ciegamente en él y en su palabra acerca de los divinos sucesos, fue para Juan Diego una reconfortante experiencia y un período de descanso en sus tareas al servicio de la Virgen.

Se dio cuenta exacta de lo mucho que la Virgen de Guadalupe significaba ahora para todos, incluidos sus amigos, vecinos y parientes de toda la vida, y lo lejos que había llegado la noticia de sus apariciones. Eso le hizo particularmente feliz, no por lo que para él pudiera significar personalmente, pues carecía de orgullo y de arrogancia, sino por lo que suponía para la propagación de la fe cristiana, encarnada en aquella imagen milagrosa del Tepeyac.

Cuando estuvo de regreso en su ermita del cerro, de nuevo se consagró al cuidado y servicio de la Virgen, que allí seguía, impresa en su viejo ayate, inamovible y eterna en aquella burda prenda de vestir, ahora sagrada para el pueblo de México, con la belleza y pureza que derramaba en su entorno aquella pintura «no pintada por ningún hombre de la tierra».

Y así prosiguió, oscuramente, humilde, calladamente, la vida de Juan Diego, hasta el mismo fin de sus días, que no iba a ser muy lejano del otro en que perdiera para siempre a su querido tío Bernardino. Si en 1544 fue cuando le dejara definitivamente su tío, ahora reposando bajo el suelo de la capilla, sólo cuatro años más tarde, en 1548, la muerte visitaba de modo definitivo a su sobrino Juan Diego.

También él era ya muy viejo cuando le llegó el momento final, justamente el 30 de mayo de 1548, y moría feliz y dichoso, en paz consigo mismo, porque su vida había sido una vida de santidad, aunque eso ni él mismo lo supiera.

En sus últimos momentos, Juan Diego afirmó que se le aparecía de nuevo la Virgen, aunque nadie más que él pudiera verla, para acogerle para siempre en su seno y conducirle amorosamente hasta Dios, su Hijo. De ser así, y no hay por qué dudarlo mucho, puesto que él había sido siempre el elegido, el «niño más pequeño» de la Señora, ésa hubiera sido la quinta y última aparición, aunque ya no conste en ningún documento, y sería una imagen final que el bueno de Juan Diego se llevaría consigo a la tumba.

Por entonces, el propio obispo, tan amigo de él, estaba también gravemente enfermo en la ciudad de México, y en el que iba a ser su lecho de muerte tuvo noticias del fallecimiento de su amado hijo allá en su cuartito del Tepeyac. La noticia le causó un enorme dolor al obispo, puesto que había llegado a querer muy profunda y sinceramente a aquel indígena, el más humilde entre los humildes, y que había sido capaz de dar a la Iglesia más conversos y fieles que ninguna otra persona en todo México.

El obispo había abusado un poco de su propia fortaleza física y de su salud, haciendo grandes esfuerzos por ir de sitio en sitio, aun cuando empezaba a encontrarse algo delicado de salud, en su afán por bautizar personalmente a miles de nativos mexicanos, y ahora fray Juan de Zumárraga comprendía que le había llegado su hora, y que tan gran empeño había sido nocivo para su salud, aunque no se arrepentía de nada.

Ordenó poco antes de morir que se pusiera una placa conmemorativa en la que fuera habitación de Juan Diego, en la capilla de la Virgen de Guadalupe del Tepeyac, y la estancia se convirtiera en oratorio para los fieles.

La placa decía:

> *«En este lugar, Nuestra Señora de Guadalupe se apareció a un indígena de nombre Juan Diego, quien está enterrado en esta iglesia.»*

Porque, lo mismo que su buen tío Juan Bernardino, Juan Diego fue enterrado en la que fuera su capilla de siempre, donde había servido a Dios y a la Virgen María con toda su devoción cristiana. ¿Qué otro lugar hubiera sido posible para sepultar sus restos mortales, que aquel donde él fuera protagonista del más grande prodigio de toda la historia de México?

Tres días después de morir Juan Diego, fallecía también su gran amigo y benefactor, fray Juan de Zumárraga, obispo de México, como si los lazos que les unieron tan fraternalmente en vida fueran también los que les unían en la muerte.

La única pena que se llevaba consigo el obispo español al morir era no haber podido llevar a cabo el sueño de toda su vida: levantar en el lugar de las apariciones algo más que aquella sencilla y humilde capilla en honor de la Virgen, alzar un verdadero templo digno de Nuestra Señora de Guadalupe, como él ansiaba verlo. Aunque durante aquellos años había experimentado algunos cambios y reformas, el edificio seguía siendo a su gusto excesivamente modesto y pobre, y la imagen de la Virgen en la tela de Juan Diego seguía allí, colgando de una pared cargada de humedad, siendo besada y tocada por todos los fieles que allí acudían.

Pese a ello, era forzoso admitir que la imagen se mantenía intacta, milagrosamente indemne de tanto contacto humano, pero el obispo deseaba ver aquel santo paño bien protegido y resguardado, y rodeado de un ambiente más acorde con su significado y su valor.

Desgraciadamente, cuando la muerte le sorprendió, llevándoselo para siempre, el obispo Zumárraga no había podido alcanzar ese objetivo tan deseado, y que en realidad iba a tardar aún bastante tiempo en ser como él hubiera ansiado que fuera.

Nada menos que en 1600 fue inaugurada la nueva capilla del Tepeyac, más amplia y adecuada, acto solemne al que incluso asistió el propio virrey de España. Y hasta 1622 no tuvo el tamaño adecuado para su uso, y el ayate de maguey de Juan Diego, que en todos aquellos años no había sufrido el menor desperfecto, pudo ser aposentada de modo más adecuado, tal como soñara el difundo obispo, y como sin duda hubiera gustado ver a su fidelísimo Juan Diego.

Pero ellos ya no podían ver esas reformas y mejoras, no al menos desde este mundo, del que faltaban ya hacía casi ochenta años. Pero es obvio que el milagro de entonces seguía vivo en el recuerdo, y todos los mexicanos adoraban a su Patrona, sin olvidar en ningún momento a aquel sencillo indígena que un día afirmó a todos, ante la incredulidad general, que la Virgen se le había aparecido.

La vida de Juan Diego, pese a su sencillez y a su aparente insignificancia, significó mucho para todos sus contemporáneos, pero también para todas las futuras generaciones. La semilla de su obra, los resultados de su ciega fe, iban a sobrevivir para siempre a su persona, a proyectarse en el futuro cada vez con más fuerza, como sucede siempre con los grandes acontecimientos de este mundo.

Su vida había concluido aquel día de mayo de 1548, sí. Su cuerpo reposaba bajo el suelo de la ermita o capilla erigida donde él había afirmado que se lo pidiera la propia Virgen. Pero la muerte no basta para borrar una figura que, pese a su aparente pequeñez, fue grande en todo, desde su propia bondad como ser humano, hasta su dimensión como cristiano, como creyente y como hombre de bien, dispuesto a ser digno de la confianza que la mismísima Señora de Guadalupe puso en él desde su primera aparición.

Juan Diego sigue ahí. Se le venera como se venera a la Virgen, porque él fue el mensajero de los divinos deseos. Y hoy en día, ya en los altares, en olor de santidad, uno piensa que no son muchos los que merecen ser santos con tantos motivos como ese indito inolvidable, ejemplo para todo un pueblo, sí, pero también, ¿por qué no?, ejemplo para toda una humanidad que no siempre sabe reconocer a sus «elegidos».

La vida de Juan Diego, Hombre, terminó hace casi cinco siglos. La vida de Juan Diego, Santo, empieza justamente ahora.

Y esa es la Vida que ya nunca termina, porque es la elegida por Dios. Y en su caso, hasta por la propia Madre de Dios.

Capítulo IX

— Los documentos —

¿CUANTAS evidencias, cuántas pruebas, de mayor o menor valor, de más o menos poder de convicción, existen o han existido a lo largo de todos estos siglos, que puedan confirmar de un modo fehaciente, no ya la propia existencia de Juan Diego como hombre, sino su personalidad como testigo de un milagro?

¿Cuánta documentación se puede consultar, donde exista alguna huella o referencia alusiva a los acontecimientos del Tepeyac y, por tanto, llevar a una conclusión definitiva sobre la sinceridad y verdad de las palabras de Juan Diego, único protagonista humano de la historia y, por ello mismo, único testigo real de todo?

Por desgracia, no mucha, porque ni la época, ni los acontecimientos de su tiempo, ni la preparación de sus gentes, ni el nivel cultural de vencidos y vencedores en aquella reciente guerra de conquista permitía en realidad dejar un exceso de documentación escrita sobre cualquier materia.

Pero existen documentos irrefutables de que todo cuanto hemos ido narrando fue cierto y no solamente producto de imaginación, de fraude o de ilusión por parte de nadie. Los dogmas de la Iglesia son siempre, por supuesto, simple cuestión de fe. O se cree, o no se cree.

Sabemos eso y, por tanto, que, por mucho que se diga o se aduzca, habrá gente que seguirá creyendo y quien seguirá sin creer. No todos podemos pensar igual, y menos en materias tan complejas y delicadas como son las religiosas.

Todo lo que se extrae del contexto puramente material de este mundo en que vivimos es objeto inevitable de duda. La duda va con el hombre, forma parte de su propia filosofía. Como bien dijo Shakespeare a través de su personaje, el atormentado príncipe Hamlet, incluso nos llegamos a preguntar: «¿Ser o no ser?» Y para nosotros es un problema dar respuesta a ello. Hamlet es la duda eterna del hombre, él mismo es la Duda. Pero aunque pueda ser un simbolismo escénico del dramaturgo, tratando de reflejar las dudas del ser humano, lo cierto es que todos nacemos, crecemos y dejamos este mundo con toda clase de dudas sobre lo conocido y lo desconocido.

¿A qué extrañarse, entonces, de que ciertas personas duden de hechos como los narrados por Juan Diego? Habrá siempre quien los crea ciegamente, quien dude de ellos... e incluso, ¿por qué no?, quien no se crea una sola palabra.

Aquí no intentamos convencer de nada a nadie, porque tal vez sería necesario primero convencernos a nosotros mismos de muchas cosas. Vamos, sencillamente, a tratar de estudiar y analizar todos los posibles documentos y evidencias existentes en torno al milagro del Tepeyac, que tiene dividida hoy en día a la propia Iglesia católica, no ya la de Roma sino la del mismísimo México.

Hay documentación sobre aquellos hechos. La hay. Otra cosa es que resulte convincente para todos o no. La primera evidencia material del hecho es la propia imagen de la Virgen, impresa en el tejido de burdo maguey de su propietario, Juan Diego.

Es la mayor de las evidencias, sin duda alguna, y por ello más adelante nos dedicaremos a su estudio minucioso, tal como han hecho en los tiempos actuales, incluso con procedimientos informáticos y a través de los más complejos medios de análisis por computadora de que se dispone hoy en día.

Pero aparte de la imagen de la Virgen de Guadalupe, impresa en ese tejido, ¿qué otra documentación existe para avalar los hechos y tratar de dejar a un lado lo mítico para tratar de encontrar la pura y simple verdad de las cosas?

Ante todo, comprobemos que Juan Diego existió realmente, cosa que los más recalcitrantes enemigos de la beatificación del mismo han llegado a negar repetidas veces.

Un documento prueba la existencia de Juan Diego sin lugar a la más leve duda. En el archivo del Cabildo de la ciudad mexicana de Puebla se puede consultar el testamento de Juana García, fechado en 1559, donde se hace referencia a la persona del indio Juan Diego.

Existe un cantar de la época, compuesto en lengua nativa, de título *Teponaxcuitl,* que se compuso casi con absoluta seguridad con motivo del traslado de la tilma con la imagen de la Virgen al primer recinto donde iba a quedar depositada. En el cantar se hacen varias referencias a las apariciones y se menciona el nombre de Juan Diego como testigo de las mismas.

Otra mujer india, convertida al cristianismo, Juana Martín, dejó escrito un testamento, con fecha 11 de marzo de 1559, mediante el cual legaba las tierras de su propiedad a la Santísima Virgen de Guadalupe. En el documento se menciona expresamente a Juan Diego. El documento en cuestión está escrito en la lengua natural de los indios mexicanos, el náhuatl.

En idéntico idioma azteca, y en el siglo XVI también, fue escrito un documento llamado *Ixtlamatque tlaxcaltectl* donde se hace referencia concreta al fallecimiento de Juan Diego, guardián del templo del Tepeyac y persona a quien se le apareció la Virgen que allí se veneraba.

Desgraciadamente, parece ser que existió un documento, mencionado por don Patricio Antonio López en un inventario suyo, llevado a cabo en su condición de archivero de un famoso historiador, don Lorenzo Boturini. Ese documento, hoy desaparecido sin saberse las causas exactas, era ni más ni menos que el testamento del propio Juan Diego, según afirma don Patricio en su inventario, llevado a cabo en el año 1745.

Otro documento de vital importancia para demostrar sin lugar a dudas la existencia real de Juan Diego es nada menos que un documento firmado por el obispo de México, fray Juan de Zumárraga, y dirigido a Hernán Cortés. No tiene fecha, pero se ha calculado que pudo ser redactado a finales de diciembre de 1531, muy poco después de la cuarta y última aparición de la Virgen. En este documento, el obispo relata a Cortés lo sucedido en el cerro del Tepeyac, y menciona a un indio nativo, de nombre Juan Diego, como el portador de la noticia y testigo de los hechos. ¿Cabe mayor prueba de la existencia de Juan Diego?

Pero todavía hay más documentación al respecto, y no digamos ya del tantas veces mencionado *Nican Mopohua* de Antonio Valeriano, escrito en lengua náhuatl, y redactado en el propio siglo XVI. Aparte su belleza formal, y su valor como narración de todos los hechos que tuvieron lugar en el Tepeyac, deja clara constancia, repetidas veces, de que el indio Juan Diego no era precisamente ninguna invención ni ningún ser irreal, sino un indígena al que todos conocían bien.

Hay otro documento de especial relieve, escrito por un mestizo, don Fernando de Alba Ixtlixóchitl, donde se hace un relato minucioso de todo lo relacionado con la Virgen de Guadalupe y los milagros por ésta otorgados al pueblo nativo de México. En su parte final, esta obra relata con igual detalle la vida de Juan Diego, desde su origen hasta convertirse en un hombre maduro. Se llama *Nican Motecpana.*

En los llamados *Anales de Tlaxcala,* documento del siglo XVI también, redactado, como muchos otros de la época, en la lengua náhuatl, aunque de autor anónimo, existe un relato muy veraz y realista de las apariciones de la Virgen, según el propio autor, «a un indio, de nombre Juan Diego».

Nos hemos referido a estos documentos en concreto, pero existen otros varios, analizados en su día por la Iglesia católica para la comprobación de la existencia de Juan Diego, donde el hecho de que éste fue un ser real y no imaginario se demuestra hasta la saciedad, sin dejar resquicio a duda alguna.

Hay un Códice de 1548, que va a ser —o ha sido ya a estas horas— entregado, por la familia mexicana que lo halló, a la Iglesia católica, donde existen numerosas menciones en náhuatl a las apariciones marianas, pero también con alusiones numerosas a un joven indio, «de nombre Cuauhtlactoatzin», luego bautizado cristianamente «con el nombre de Juan Diego», y resulta altamente significativo que en ese documento se haga alusión directa al nombre primitivo azteca del niño, hasta entonces sólo conocido a través de otro documento.

En fin, que sería interminable ir enumerando documentos donde de modo fehaciente se habla de Juan Diego como de alguien muy real y bien conocido por todos, con alusiones muy concretas a su vida y a su muerte, a su juventud y a su madurez, a su niñez y a su vejez, capaces de demostrar de una vez por todas que quienes sostienen la tesis de que Juan Diego nunca existió están totalmente equivocados.

Incluso hay documentación sobre un análisis efectuado por aquella época a la tilma de Juan Diego, para tratar de determinar la naturaleza de la imagen impresa en el tejido, con la efigie de la Virgen guadalupana. En esos documentos se mencionan tres pintores y tres protomédicos, y están redactados por el clero de entonces, explicando los resultados de dichos análisis, según los cuales era del todo imposible que pintor alguno hubiera realizado al obra. Y por si esto fuera poco, en los documentos se alude a que el ayate «pertenece al indígena a quien la Virgen se apareció, de nombre Juan Diego».

Resulta difícil imaginar que en un documento tan serio, redactado por importantes miembros del clero de la época, se tomen las cosas a la ligera y se inventen el nombre de alguien que no existiera. Vale que los escépticos puedan poner en tela de juicio la sinceridad de los religiosos al hablar de las apariciones en sí, pero no existiría motivo alguno para que se inventaran un personaje inexistente, dándole además el nombre tantas veces mencionado, el de Juan Diego.

Y si aún, con todo esto, existen todavía gentes que dudan de que Juan Diego existió, y de que su vida fue tal como aquí se relata, siguiendo siempre referencias orales o escritas de su época, poco será lo que se pueda hacer para convencerles de lo contrario. La duda seguirá existiendo. Y si se duda de que Juan Diego fue un hombre como cualquiera de nosotros, si se niega incluso que llegó a existir, ¿qué decir, entonces, de los hechos milagrosos?

Si no se cree en el hombre que los vivió y relató, menos aún se puede creer en las apariciones de la Virgen, sólo presenciadas por él. Y sería tarea absolutamente inútil tratar de disuadir a nadie de sus escepticismos, y más aún de sus incredulidades.

No es ésa tarea nuestra, cuando la propia Iglesia se halla dividida al respecto. Nuestra labor es seguir adelante con todo lo relativo a Juan Diego y al milagro guadalupano.

Y eso es lo que vamos a pretender seguir haciendo.

Más adelante, cuando estudiemos el extraño y misterioso fenómeno de los «ojos de la Virgen», descubriremos hechos y enigmas que no ya la Iglesia, ni siquiera los propios científicos han podido explicarse en modo alguno, y que no tienen explicación racional alguna, lo que convierte el caso concreto del milagro guadalupano, al margen incluso de la personalidad de Juan Diego, en un verdadero misterio que se resiste a todos los análisis y conclusiones posibles.

En otros milagros, supuestos o verdaderos, en los que la Iglesia ha aceptado como tales —y nunca los admite a la ligera—, y en los que han sido sistemáticamente negados, han surgido versiones más o menos contradictorias, que enfrentaban los dogmas de la religión católica con la fría razón de los científicos. Ya sabemos que la ciencia nunca ha aceptado la palabra «milagro» ni su presunto significado. Para la ciencia, todo tiene una explicación racional, e incluso trata de explicar las casualidades, incluso contra aquel viejo principio que asegura que «las casualidades no existen».

Sea como sea, hay en el presunto o verdadero «milagro guadalupano» demasiados puntos oscuros, hechos sin aclarar, y que si bien se niegan, a veces sistemáticamente, por otro lado tampoco nadie logra explicar o justificar con el simple y puro razonamiento de la lógica científica.

De entre todos los «documentos» que hemos citado de pasada en este breve resumen, no hay duda de que el principal de todos ellos sigue siendo la prenda de vestir de Juan Diego, esa prenda vulgar y simple que lucían los campesinos de su tiempo, tosca y burdamente tejida, y en la que la Virgen quiso dejar su imagen aquel día de diciembre de 1531. Es la que sigue siendo objeto de las controversias más apasionadas, porque tiene la clave de todos los misterios y de todas las preguntas sin respuesta que se quieran hacer.

Resulta difícil, por no decir imposible, imaginar a un artista lo suficientemente preparado como para pintar allí la imagen, y más todavía tratar de situarlo en el contexto exacto de su tiempo, de una época en que podía haber magníficos pintores en la España imperial de Carlos V, pero muy pocos o ninguno que, allá en México, llevaran a cabo tal obra.

¿Encargo previo y secreto del clero para hacer un colosal montaje en torno a un fraude bien calculado de antemano para ganarse la confianza y la fe del pueblo indígena, reacio a abandonar las viejas creencias de su propia religión? Es lo que algunos afirman, sin pararse a pensar que incluso esa posibilidad necesitaba de demasiada gente involucrada en el engaño, de un artista adecuado para saber pintar sobre el tejido de maguey de la prenda de un nativo, y que la tal pintura, de existir, pudiera soportar años y años el roce de labios y manos de miles de fieles en la capilla del Tepeyac, sin sufrir la más leve alteración ni deteriorarse lo más mínimo.

Por otro lado, la pintura aún existe hoy en día, tal como fue presentada por Juan Diego ante los ojos atónitos de fray Juan de Zumárraga hace casi quinientos años, y los retoques efectuados sobre la misma, más bien como medida de mantenimiento y restauración, son claramente visibles y diferenciables sin esfuerzo alguno, incluso por ojos profanos, del resto de la pintura allí impresa.

Eso, sin contar con que ya en plena época nuestra, concretamente bien avanzado el siglo XX, los científicos descubrieron, no sin la natural sorpresa, que la estrellas que aparecían en aquella imagen, en torno a la Virgen, eran en su mayor parte fácilmente identificables, y todas, *todas,* correspondían al solsticio de invierno. Si éste tuvo lugar el 12 de diciembre, exactamente a las 10,36 horas de la mañana, es obvio deducir que la aparición allí impresa tuvo lugar precisamente en ese mismo solsticio de invierno.

Ningún pintor, por minucioso que hubiera sido, hubiera tenido capacidad ni medios para captar tal circunstancia en un cuadro. Solamente una fotografía de rara perfección y exactitud milimétricas hubiera podido, en todo caso, hacerlo. Pero claro, la fotografía en esos tiempos no existía y era, por tanto, una explicación del todo imposible.

Éste es uno de tantos hechos inexplicables que el cuadro ofrece. Veremos muchos más en su momento, a la luz de las más modernas técnicas de investigación. La «casualidad» aducida por algunos queda, por tanto, absolutamente descartada. Dos cosas pueden ser «casuales». Tres, ya son del todo improbables como casualidad. Cuatro o más entran en el terreno de lo imposible. Y eso es, en concreto, lo que sucede con el discutido retrato de la Virgen en el ayate de Juan Diego.

Se sabe sin lugar a dudas que la Iglesia es sumamente cautelosa en sus procesos de canonización o beatificación, y que existe una institución dentro de ella, la Congregación de la Causa de los Santos, fundada en 1968, que es la que se ocupa de revisar los expedientes y certificar la definitiva propuesta, previa a cualquier decisión.

No es dicha Congregación, precisamente, una entidad demasiado favorable a la concesión de lo solicitado sino que, por el contrario, trata de poner toda clase de trabas y objeciones a la misma, más bien predispuesta a negar que a aprobar el tema tratado. Por algo está formada por un selecto grupo de teólogos y de expertos, más bien escépticos, cuando no incrédulos, que ponen muy en duda la veracidad de cualquier hecho milagroso.

Saben ellos, mejor que nadie, que la propia credibilidad de la Iglesia está en juego cuando han de decidir sobre determinada materia de su jurisdicción, y por ello su cautela es extrema y se andan con pies de plomo a la hora de juzgar y resolver.

Saben que de su decisión final dependerá en todo caso la actitud del Papa en cualquier acto de canonización o beatificación, y que son cosas que no se pueden tomar a la ligera ni tratarse sin una previa documentación y una serie de análisis, estudios y comprobaciones, todos ellos tan minuciosos como exhaustivos, que no dejen resquicio a la duda.

Por ello, cuando se les propuso la canonización del indio Juan Diego por el milagro guadalupano, tan discutido y discutible en muchos foros —la mayoría no ajenos a la propia institución eclesiástica—, las medidas de cautela y prudencia se extremaron al límite, ya que jugaba con una serie de elementos no confirmados ni del todo aceptados, difícilmente comprobables a veces y rebatidos las más de las ocasiones por quienes eran reacios a creer en el milagro guadalupano, y que ciertamente no eran pocos.

Es cuando comenzó al estudio de documentos, la mayor parte de ellos contemporáneos del propio Juan Diego, y por tanto más creíbles y fidedignos, así como por las referencias de otras personas, tanto al propio Juan Diego como a su forma de vida y a su modo de ser, a sus usos y costumbres, y a la posibilidad o no de que todo lo por él relatado fuera cierto.

Partiendo de la base de que *no* era cierto —la Congregación prefiere trabajar desde la perspectiva de hallarse ante algo explicable racionalmente, antes de tratar de partir de un presunto milagro—, comenzó la difícil y espinosa tarea de ir abriéndose paso entre viejos testimonios, antiguos documentos y referencias lejanas, para ir configurando los perfiles del caso.

Poco a poco, la persona, la figura misma del indio Juan Diego, fue cobrando forma y fuerza en sus mentes y en sus conclusiones. Si el protagonista del presunto milagro, el candidato a la canonización existió realmente, ¿era aceptable su historia de los hechos? ¿Existían razones de peso y pruebas contundentes e irrefutables para la Congregación de que, en efecto, aquel indígena fue protagonista del prodigio mariano del cerro del Tepeyac?

Era un trabajo arduo el que tenía ante sí la Congregación, y es de suponer que su llegada a término fue tan larga como erizada de dificultades, obstáculos, dudas y contradicciones de todo tipo.

Por si eso fuera poco, la propuesta había sido acogida con escándalo evidente por un amplio sector del propio clero católico, que en absoluto creía merecedor a un simple indio mexicano del siglo XVI a ser convertido en santo y llevado a los altares. Se sostenían toda clase de argumentos contra esa posibilidad, desde negar la existencia misma del futuro canonizado como ser humano existente alguna vez, hasta el hecho de que el milagro nunca existió, aunque hubiera existido de verdad Juan Diego.

Debió ser un lucha titánica la de los encargados de tomar una decisión final al respecto, contra tanto sector opuesto a la canonización. Lo cierto es que la lucha sigue vigente en toda su magnitud, y que la decisión de la Iglesia, favorable a esa canonización, sigue teniendo las mismas encendidas oposiciones y las mismas reacciones negativas, muchas de ellas expresadas con indignación.

Los documentos aportados no les parecen a los detractores de Juan Diego suficientes evidencias ni pruebas que avalen su historia, y en ello estamos ahora, como hemos estado mucho tiempo, y como sin duda seguimos estando incluso cuando ya Juan Diego es santo, como ha sucedido cumpliendo su promesa el propio Juan Pablo II.

Todo ello no hace sino avivar constantemente la misma polémica de siempre, no se sabe si por convicción real de los críticos, o por el simple hecho de que un hombrecillo de la más simple condición, un indígena de raíces humildes y de personalidad oscura y callada, pueda haber subido a los altares, siendo reconocida así su grandeza.

Es probable que eso, a él, le hubiera tenido sin cuidado de haber vivido para conocer toda esa polémica a su costa, porque él estaba por encima de todas esas cosas, y con su sencillez habitual hubiera dicho que él nunca hizo nada en el mundo para merecer ser un santo. Porque para él la verdadera santidad estaba en su devoción a María, Madre de Dios. Y sus ambiciones en esta vida, a servir a su Señora como lo que ella le había llamado un día: «el más pequeño de sus hijos».

Pero lo cierto es que su significado en la evangelización de todo un pueblo, en la conversión de toda una nación, en la nueva fe de miles y miles de mexicanos, y en el nacimiento de un nuevo y profundo amor hacia la que hoy es Santísima Virgen de Guadalupe, Patrona y Señora de todo México, bien merece el honor supremo de la santidad, como un premio a su gran obra, esa obra grandiosa que, en su modestia, él nunca llegó a comprender realmente lo grande que era.

Capítulo X

— La ciencia ante el milagro —

YA hemos dicho antes que los científicos no admiten, en principio, ni de lejos, la palabra «milagro», y menos aún su significado. Para los hombres de ciencia, el milagro no existe ni existió nunca. Todo tiene su razón de ser, todo su explicación científica, todo su lógica y sus motivos, explicables desde un punto de vista absolutamente racional.

Ésa es la postura de siempre de la ciencia respecto a lo que se considera anormal y, más recientemente, se admite como «paranormal». Es un punto de vista lógico y que no admite discusión, porque entonces la propia ciencia dejaría de tener sentido. Su tarea, su obligación en suma, es demostrarnos que todo puede explicarse sin tener que recurrir a nada sobrenatural, porque para ellos lo «sobrenatural» no existe ni ha existido nunca.

Sobre eso, resulta divertido recordar cierto dicho irónico de los gallegos, allá en la Galicia española, cuando se habla de las brujas, que en gallego se llaman «meigas». Según ellos dicen, con aire socarrón, «las meigas no existen, pero haberlas, hailas». Con ese paradójico refrán, admiten que algo que *no puede* existir en buena lógica... *existe*. A los científicos no les hace gracia la frase, pero no hay duda de que la tiene. Y tal vez también su gran parte de razón, pese a quien pese.

¿O es que la ciencia lo explica *todo*? ¿Cuántas cosas ocurridas a lo largo de la Historia no tienen la menor explicación científica, ni los expertos han pretendido encontrarla, tal vez porque saben que no la hay?

Pero la verdad es que las cosas son así, mal que nos pese, y que en nuestra época, precisamente, en que todo se pretende resolver a través de la tecnología —que no deja de ser pura ciencia aplicada—, resulta aún más difícil hacerle entender a la gente que puede haber «otras» cosas no tan explicables. Cierto que también un gran sector de la gente de nuestro tiempo, un poco defraudada y harta de tanto avance técnico y de tanto razonamiento científico, no duda en abrir las puertas de su mente y de su imaginación a otras opciones menos «científicas», tal vez porque todos necesitemos hoy en día, más que nunca, un poco menos de materialismo.

Pero aun dentro de esas corrientes propias del ser humano según los tiempos en que vive, la ciencia sigue inmutable sus normas, que son siempre las del frío análisis de los hechos para encontrarles una explicación razonable basada en unos principios absolutamente científicos, que no dejen lugar a la imaginación, a la fantasía ni a las especulaciones sin sentido.

Por ello la Iglesia, para iniciar el proceso de canonización de alguien, necesita ante todo tener unas sólidas bases para afrontar el hecho y ver si existe una prueba, por mínima que ésta sea, de que no haya nada divino en lo acontecido. Ya hemos dicho antes que suele ser sumamente rigurosa en esos procedimientos, porque es la primera en comprender que no se puede aceptar alegremente cualquier hecho, por insólito que éste sea, como una manifestación extraterrenal. Se intenta evitar por todos los medios que una posible farsa, un engaño, e incluso un hecho extraño pero fortuito, sea aceptado como un milagro, así, sin más.

Actualmente, esos procesos son aún más minuciosos y complejos, ya que cuentan con todos los avances tecnológicos propios de nuestro tiempo, para tratar de despejar cualquier duda con la mayor de las seguridades posible.

Así, las pruebas químicas, biológicas, informáticas y de todo tipo, son llevadas a cabo de forma exhaustiva, antes de que las autoridades eclesiásticas se pronuncien en uno u otro sentido.

Cuando se tiene una prueba evidente de la posible existencia de un milagro, es esa prueba la que ha de ser sometida a toda clase de rigurosos exámenes, antes de ser admitida como tal. Sus apariencias milagrosas, si las hay, no son tenidas en cuenta en principio, porque según los encargados de poner trabas el proceso, elegidos entre los teólogos más exigentes y preparados, hasta el más prodigioso de los hechos o de las evidencias puede tener algo de casual o, simplemente, de falso.

Por tanto, cuando esa posible prueba existe, ha de ser forzosamente la que se manipule de todas las formas y medios de que se dispone, para determinar su aceptación como tal o para rechazarla como una evidencia que no demuestra nada.

En el caso concreto de las apariciones y de cuanto con ellas aconteció, la prueba material existe, y esa prueba, por supuesto, no es otra que la tilma, ayate o prenda de vestir propia de los indios mexicanos de entonces, donde aparece impresa la imagen de la Virgen guadalupana.

Es por tanto natural que en esa única evidencia se centraran las investigaciones de la Iglesia, una vez comprobado mediante una interminable serie de aportaciones, de las que hemos visto ya algunas de importancia, del protagonista humano del suceso, el campesino indio Juan Diego.

Ahora ya no se trata de comprobar la veracidad de la existencia de Juan Diego, sino de analizar a fondo el propio milagro en sí. Y para ello, el ayate con la imagen es el objeto de la investigación científica.

Sorprenden muchas cosas de esa imagen, venerada por todo el pueblo de México a lo largo de los siglos. Tantas son las sorpresas que guarda esa figura impresa en la burda tela, que a veces uno se extraña de que puedan albergarse dudas sobre su origen divino, ya que el humano resultaría harto dudoso e improbable, a la vista de ciertos detalles de la imagen.

Si hasta hoy en día la prenda con la efigie divina ha sido sólo un objeto de culto, del que unos han considerado prueba evidente y palpable de su divinidad, y otros una posible superchería que no demostraba nada, basándose cada uno en conclusiones más o menos teóricas, en la actualidad es cuando el interés despertado por la prenda ha hecho que, al margen de disquisiciones puramente religiosas, disputas entre la fe y la incredulidad, e incluso procesos de beatificación o de santidad, la ciencia haya tomado su propio interés en el asunto, tratando de ir lo más lejos posible en el estudio de la tilma.

Como sucediera en varias ocasiones con la mencionada Sábana Santa de Turín, la efigie impresa de la Virgen de Guadalupe ha pasado a ser objeto de toda clase de pruebas y exámenes por parte de los científicos del siglo XX.

Sabido es que el hombre ha necesitado y deseado siempre un icono en que basar su fe, y que rara vez esa posibilidad le ha sido ofrecida y ha tenido que conformarse con sus creencias para ser fiel a una idea religiosa. Se ha buscado durante siglos el Santo Grial, prueba evidente de la Santa Cena y de la consagración del vino como sangre de Cristo. Nunca fue hallado, al menos que se sepa.

Se ha buscado algún vestigio o restos del Arca de Noé, para demostrar la existencia del Diluvio Universal, y así darle a la Biblia la dimensión real que el creyente desea, como prueba de la veracidad del Antiguo Testamento. Nunca ha sido hallado resto alguno del Arca. No hablemos ya de la otra Arca, la de la Alianza, que solamente ha sido posible hacer aparecer en el cine, pero nunca en la realidad.

Y así hasta el infinito. ¿Cuántos fragmentos de la Santa Cruz se afirma que andan dispersos por el mundo? Hay quien dice que son tantos que se podrían construir cien cruces con todos ellos.

Se ha especulado, también imaginariamente, con la Túnica del Salvador, pero la prenda sagrada jamás ha podido verla nadie. La tradición cristiana sostiene muchas cosas que no se pueden demostrar, por eso son sólo tradición, y es necesaria la fe para darle su valor y creer en ellas.

Pero he aquí que el caso del milagro del Tepeyac es radicalmente distinto. En éste *sí* hay una evidencia, el icono tantas veces deseado por el creyente: la propia imagen de la Virgen, «que ningún hombre de esta tierra pudo pintar».

¿Qué fue lo primero que los estudiosos observaron en esa tela, que les hizo empezar a dudar de que se hallaran ante un posible fraude? Pruebas tangibles de que allí había *algo* que no era normal y que ningún pintor, por minucioso que fuera, podía haber plasmado en un cuadro.

Las estrellas.

Hay, en efecto, toda una serie de estrellas impresas o bordadas en el manto de la Virgen. Parecen puestas allí como por azar caprichoso, para enriquecer o decorar el manto divino de Nuestra Señora. Pero nada más lejos de la realidad.

Requerida la ayuda de un astrónomo, éste identificó sin lugar a dudas todas las estrellas allí plasmadas. Y no era ningún azar, ni muchísimo menos.

Localizó e identificó sin la menor dificultad la Osa Mayor, el Dragón, los Lebreles o la cabellera de Berenice, en el lado izquierdo superior del manto. En el derecho, fueron identificadas, sin lugar a duda alguna, Libra, Sagitario, Escorpión, la Hidra y la Cruz del Sur, entre otras.

Notificado este hallazgo al Instituto Astronómico, éste informó de que los astros allí identificados aparecían de igual modo en el firmamento, justo en el solsticio de invierno. Una vez comprobado este hecho singular, todavía le añadió más rareza al caso el hecho de que el solsticio de invierno de 1531 tuvo lugar aproximadamente a la misma hora en que Juan Diego informó del milagro producido en su tilma con motivo de la cuarta aparición.

Los que niegan el milagro se apresuraron a decir que aquel hecho, calificado de «extraordinario» por los científicos, se podía explicar como una simple casualidad —¿casualidad que *todas* las estrellas y constelaciones de aquel preciso instante aparezcan en el manto de la Virgen?—, o como un profundo conocimiento astronómico del pintor autor de la imagen fraudulenta. Ninguna de ambas tesis parece sostenerse con demasiada solidez, pero así están las cosas respecto a ese detalle en concreto.

Sin embargo, el hecho, con ser asombroso, no es el único, ni mucho menos, que caracteriza a este documento gráfico de la presencia de la Señora de Guadalupe ante Juan Diego. Existen otros que ya casi pueden incluirse en la más pura ciencia-ficción, y que la propia investigación científica no acierta a explicar.

Repetimos que la ciencia nunca admite el «milagro» tal como todos lo entendemos. Por tanto, se limita a dar constancia de una serie de hechos analizados, los unos explicables para el científico, y los otros no. Por tanto, lo primero que buscaron en esa prenda, aparte dejar constancia de la pasmosa coincidencia de la presencia de las estrellas en el manto, fue el propio tejido original sobre el que se asienta la imagen.

La fibra utilizada para tejer la tilma de Juan Diego es de agave popotule, fibra que también es conocida como «istle» o «copo de maguey». Se compone la prenda de dos piezas de tela unidas en su centro por un hilo de algodón. Sus medidas exactas son de un metro sesenta y ocho centímetros por un metro treinta. La costura del ayate no atraviesa en momento alguno el rostro de la Virgen ni siquiera el del ángel que aparece a sus pies.

Este tejido suele durar, como mucho, y no manoseándolo o utilizándolo demasiado, unos veinte años. La tilma de Juan Diego se conserva en perfectas condiciones desde hace cuatrocientos setenta años aproximadamente. La duración de este tejido, comprobada su antigüedad mediante pruebas científicas actuales, no tiene explicación científica posible.

Otro hecho inexplicado por la ciencia es que, en 1789, se hizo una réplica de la Virgen de Guadalupe en un tejido idéntico a éste, el cual se puso a la intemperie, como durante tantísimos años estuvo la ropa de Juan Diego con la imagen. Su resistencia fue muy breve, deteriorándose en un plazo corto de tiempo. Sin embargo, la imagen guadalupana sigue igual, después de transcurridos más de cuatro siglos y medio.

Otra prueba a la que fue sometida la imagen la llevaron a cabo científicos norteamericanos, expertos en fotografía por infrarrojos, que, aplicada a cualquier pintura, determina de inmediato la existencia de correcciones o pruebas previas en el cuadro, ya que esta técnica acusa irremisiblemente cualquier retoque hecho en la pintura. Y resultaba obvio suponer que un cuadro así, como casi todos, habría sufrido forzosamente ese proceso, de ser obra del hombre.

Los resultados fueron totalmente negativos. El cuadro no presentaba la más leve señal de retoques o correcciones, estaba hecho de una sola vez, directamente, y muchos de los pigmentos y pinturas en él utilizados son de naturaleza desconocidos incluso hoy en día. Los expertos en pintura tampoco supieron definir cómo se había trazado el color amarillo de las estrellas, mientras que el color dorado de los rayos se ha comprobado que es, efectivamente, oro metálico.

Aunque hay algunos añadidos posteriores, claramente perceptibles como obra de los humanos, posiblemente por motivos de restauración de la imagen, los tintes originales —el azul del manto, por ejemplo— son de una tonalidad de origen por completo desconocido por su transparencia y pureza.

Otro detalle que dejó asombrados a los estudiosos científicos del ayate es la ausencia total de cualquier barniz o sustancia protectora que impida el deterioro de la imagen que, pese a ello, se muestra tan brillante en sus tonalidades como si estuviera ahora mismo recién pintada.

Resumiendo estos detalles y muchos más de carácter puramente técnico, la decisión final del estudio científico de la tilma de Juan Diego no pudo ser más sorprendente para los que esperaban un informe lleno de dudas y recelos, ni más alentador para los que seguían con su fe intacta la fría labor de los expertos, muchos de ellos, por cierto, incluso no creyentes o absolutamente ateos.

El resultado final del examen fue:

> «La imagen original de la pintura de la Virgen en la tilma resulta ser del todo inexplicable.
> Según las evidencias analizadas, no pudo ser hecha por la mano del hombre.»

* * *

Semejantes conclusiones no dejaron de sorprender y desorientar a quienes esperaban el informe final. La ciencia no se comprometía, es cierto, afirmando o negando nada concreto, pero sus conclusiones eran revaloradas incluso para el más escéptico: la imagen no sólo no podía ser un fraude, sino que ni siquiera parecía probarse en modo alguno que pudiera ser obra de un pintor cualquiera.

Ni los trazos, ni los colores, ni los pigmentos, ni la realización de la pintura demostraban la acción de una mano humana en todo ello.

¿Qué significa eso?

Sencillamente, que la ciencia se ha dado por vencida en el caso y, quizá por única vez en su existencia, admite que no entiende lo que está analizando y que, aunque no se califique de «milagro», porque ya hemos dicho que para los científicos ese término no existe..., la cosa no tiene explicación racional ni origen humano.

Esto, por sí solo, debería bastar para borrar de una vez por todas cualquier suspicacia, pero ello no es así, y los detractores del presunto «milagro» siguen existiendo, fuera y dentro de la Iglesia. La discusión no ha cesado. Tal vez no cesará nunca. Sólo que esos detractores parecen no tener la más mínima prueba que demuestre sus negaciones, y éstas se producen más por empeinamiento en una postura negativa que en otra cosa.

En 1929 iba a producirse otro hallazgo en el cuadro que, aparte de sorprendente, jamás tendría ni tendrá explicación racional posible, algo que ningún pintor, por miniaturista y perfeccionista que fuera —y menos aún en el campo indígena de México en el siglo XVI—, pudo llevar a cabo, y que de nuevo la ciencia ha calificado de «inexplicable» e «imposible de ser llevado a cabo por la mano del hombre».

Hoy en día podría hacerse, tal vez, mediante las técnicas modernas de la informática, las computadoras más sofisticadas y el *scanner*, pero no dejaría de ser un simple truco técnico, claramente perceptible en un análisis minucioso, y que las propias computadoras revelarían como una obra de ellos.

Pero hablar de todo esto en pleno siglo XVI, es tan utópico como citar viajes espaciales o aviones supersónicos, batiscafos o videocámaras, en tiempos de los conquistadores; un puro disparate, en suma.

Y, sin embargo, no existe otro medio conocido en el mundo para hacer lo que el cuadro de la Virgen enseña al investigador y que, como hemos dicho, fue descubierto por vez primera en 1929, aunque se haya ocultado el hecho durante años, por decisión de la propia Iglesia católica, que tal vez no podía creer en ello o no acababa de detectar si revelar el hecho era bueno o malo para demostrar que aquel hecho fue un milagro.

Evidentemente, lo que sí debió ocurrir es que el descubrimiento desorientó de tal modo al clero, incluso al más partidario del milagro del Tepeyac, que no supieron qué hacer con el dato y optaron por silenciarlo, a la espera de una comprobación más precisa, que iba a tardar años en producirse.

Nos estamos refiriendo a los ojos de la Virgen.

Los ojos de la Virgen de Guadalupe, que encierran un misterio tan profundo como desconcertante, que a pintor alguno se le ocurriría intentar siquiera, y que solamente hemos visto mencionar en ocasiones en relatos de ciencia-ficción.

Los ojos de la Virgen recogían imágenes de sus interlocutores. Y esas imágenes quedaban *grabadas* en sus retinas.

* * *

¿Imposible?

Tal vez fue lo primero que pensaron los religiosos cuando fueron informados del hecho la primera vez por un fotógrafo profesional, Alfonso Marcué, fotógrafo así mismo de la basílica de Guadalupe original.

Otros dicen que fue Carlos Salinas Chávez quien hizo el hallazgo, mientras revisaba la imagen de la Virgen con una potente lupa o lente de aumento, durante un trabajo técnico sobre la misma.

Cualquiera que fuera el primero en descubrirlo, lo cierto es que el hallazgo tuvo lugar justamente en el ojo derecho de la Virgen, que consistía en un detalle asombroso: en ese ojo de la Señora, era claramente visible con la lente la efigie de un hombre reflejado en él.

El que hizo el descubrimiento, inicialmente, se quedó confuso, seguro de no haber visto bien, o haberse dejado llevar por su imaginación. Para ello, tomó otra lente de aumento de mayor potencia que la anterior y la enfocó sobre el ojo derecho de la imagen.

Ahora, sí. Ya no había duda. Con la mayor nitidez, el aumento de la imagen le demostró la presencia de un busto masculino, el de un hombre barbudo.

No resultaba nada sorprendente que el detalle hubiera sido ignorado durante siglos, ya que a nadie se le habría ocurrido, posiblemente, utilizar lentes de gran aumento para estudiar la imagen del ayate de Juan Diego y, además, la óptica avanzada tampoco hacía siglos que existía.

Pero el detalle estaba allí, ante los ojos de su descubridor, que no lograba entender el hecho, pero que se aparecía ya diáfano e indiscutible en el ojo de la Virgen.

Deseoso de comprobar que aquella figura no fuera algo posteriormente hecho sobre la imagen, empezó a revisar todo su archivo fotográfico relativo a la Virgen, utilizando las mismas poderosas lentes de aumento usadas para ver la imagen original.

Su sorpresa fue enorme. En todas las fotografías, debidamente aumentado el ojo, era visible esa figura de hombre con barba, como si hubiera estado frente a la Señora en el momento de ser ésta plasmada en el tejido. Siempre había estado allí, aunque nadie se hubiera percatado de ello.

Se apresuró a avisar a las autoridades eclesiásticas, informándoles de su hallazgo y aportando las pruebas fotográficas. Éstas le solicitaron que mantuviera su descubrimiento en secreto, no revelando nada a nadie al respecto, en tanto la Iglesia realizaba las pertinentes comprobaciones e investigaciones.

El secreto se mantuvo, sí. Alfonso Marcué nunca dijo nada a nadie sobre su descubrimiento. Pero la Iglesia no cumplió su parte en el trato, no se saben las razones, y transcurrirían veinte años, veinte largos años, sin que nadie volviera a hablar del tema, por lo que se ha llegado a poner en duda la versión de que el fotógrafo de la basílica fuera el verdadero descubridor del misterio.

Sería veinte años más tarde cuando el otro posible descubridor mencionado, José Carlos Salinas Chávez, hizo idéntico descubrimiento en la imagen, sin tener la menor idea de que ya antes otra persona lo había llevado a cabo, y también se apresuró a pasar su informe a altas instancias del clero, pero añadiendo, en este caso, otro detalle todavía más sorprendente y capaz de confundir a cualquiera: no se trataba solamente de la presencia de un hombre con barba en el ojo derecho de la Virgen, sino que en el izquierdo se podían advertir, así mismo, *varias* figuras humanas.

Esta vez la Iglesia sí se movió, conmovida por la noticia, y no se atuvo al secretismo y a la pasividad inexplicable de entonces. Se pidió la ayuda de un grupo de expertos en oftalmología, de varios físicos y de fotógrafos especializados en la ampliación detallada de las imágenes fotografiadas, tratando de estudiar el insólito fenómeno.

Los resultados no se hicieron esperar, y fueron todavía más desconcertantes que el propio hallazgo original. Ante la incredulidad de los propios expertos, a cada nuevo aumento que iban llevando a cabo en los ojos de la Virgen, surgían nuevos detalles que, por sus microscópicas dimensiones, nunca hasta entonces habían sido vistos. Hoy en día, con aproximaciones y ampliaciones de zonas parciales mediante computadora, hubiera sido tarea sencilla, y de hecho lo es, pues se ha llevado a cabo la prueba sobre fotografías escaneadas, y la confirmación de lo descubierto entonces ha sido absolutamente positiva.

¡Hasta trece personas distintas aparecieron en las pupilas de la Virgen, reflejadas sin duda de todas aquellas a las que ella había contemplado en sus apariciones, y que resultaban una evidencia de lo más aplastante de la divinidad milagrosa de su imagen en el ayate!

Trece personas, cuya identificación ha resultado sumamente complicada para los expertos e historiadores, y que incluso ahora mismo no acaban de ser algo comprobado sin lugar a dudas, por el simple hecho de que ningún contemporáneo conoció a Juan Diego ni a las personas de su tiempo, salvo aquellas que pudieran haber sido retratadas por su importancia, y de las que se tuviera así constancia por alguna imagen.

Pero hechos los cálculos y deducciones oportunos, se ha podido cuanto menos ir identificando, con mayor o menor seguridad, a algunos de los seres humanos reflejados en los ojos de la Virgen de Guadalupe. Todo por simple deducción, naturalmente, y sin que exista seguridad alguna al respecto.

Pero que allí hay trece personas reflejadas, de eso sí que no cabe la menor duda.

La primera, evidentemente, es la más fácil de identificar, al menos en buena lógica. Se trata de la que se ve impresa en el ojo derecho, la que se vio en el inicio, es decir, el hombre con barba.

¿Quién puede ser ese hombre, sino el propio Juan Diego?

Extraña, insólita, sobrecogedora forma esta de obtener el retrato fiel, exacto tal vez, de un hombre que vivió en el siglo XVI y al que nadie nunca retrató. ¡Juan Diego *en persona,* reflejado en la imagen de la Virgen que se le apareció!

Según parece, la imagen, como las del ojo izquierdo de la imagen, se ve tal como se podría ver reflejada la de cualquiera de nosotros, en la pupila de una persona que nos está contemplando, si se la fotografía en ese preciso momento.

¿Es eso posible en un cuadro? ¿Algún pintor, en alguna ocasión, ha llevado a tal extremo su minuciosidad al retratar a alguien en un lienzo?

Uno de los más grandes pintores detallistas de la historia del arte, como fue en su día don Diego Velázquez, llega en su obra maestra, *Las Meninas,* a reflejar a los reyes de España en su espejo, e incluso tal vez, como algunos expertos aseguran, todo el cuadro en sí es una inmensa imagen de un conjunto de personas vistas *a través* de un gran espejo por los ojos del pintor, de ahí que él mismo se retrate en el conjunto de figuras pintadas.

Si es como se dice, fue sin duda un alarde del propio pintor en cuanto a jugar con reflejos y espejos, pero nunca, ni siquiera a él mismo, se le ocurrió reproducir a una persona en los ojos de quien la está mirando.

Menos todavía entraría en lo posible que el otro ojo de la Virgen recogiera a varias personas de las que ella pudo contemplar en aquellas apariciones. Aparte de tratarse de una miniatura virtualmente imposible —recordemos que el hallazgo sólo fue posible mediante el uso de lentes de gran aumento—, no tendría el menor sentido, para artista alguno, reflejar allí a esas personas.

En el ojo izquierdo, han creído identificar sin dificultades excesivas al propio obispo de México de entonces, fray Juan de Zumárraga, en otro hombre de barba más abundante que la corta y rala de Juan Diego. Aparte de esa imagen, se pueden apreciar otras personas, como una de un hombre joven, de gesto sorprendido. ¿Acaso el traductor que pudo estar presente en algún momento determinado, capaz de traducir el lenguaje nativo, o sea el náhuatl, puesto que

Juan Diego hablaba sólo esa lengua y fray Juan de Zumárraga el castellano?

Pero también aparece un personaje de aspecto indígena y pronunciada nariz, que se ha supuesto podría ser Juan Bernardino, el tío de Juan Diego, a quien la Virgen se le apareció junto al lecho del dolor casi al mismo tiempo que hablaba con Juan Diego en el Tepeyac.

En segundo término se pueden ver diversas personas formando grupo, entre ellas niños y ancianos, lo que no ha encontrado ninguna explicación razonable y forma parte de otro de los grandes enigmas de estas visiones grabadas en los ojos de la Virgen.

¿Son formas de mensajes divinos acerca de los nativos mexicanos, de la familia, de los niños y de los viejos nativos, casi siempre los más puros y dignos de respeto? Podrían manejarse mil y una teorías, pero seguiríamos sin respuesta alguna que aclarara el misterio.

Lo que está fuera de toda duda, según conclusiones de los expertos que han estudiado esos reflejos en los ojos de la Señora de Guadalupe, es que las imágenes allí grabadas no tienen la menor posibilidad de responder a un capricho o tecnicismo de pintor alguno, ni por tanto se pueden considerar en absoluto obra de hombre alguno.

Las figuras en cuestión son de tamaño tan reducido que ni mediante los métodos de reproducción más modernos ni el dominio técnico de artista alguno, es posible pintarlos en los ojos de una imagen como la de la Virgen guadalupana, y menos aún sobre el basto tejido de una tilma de maguey. No existe medio conocido de llegar a realizar miniaturas tan precisas, a semejante escala... y menos todavía en el siglo XVI.

Los personajes allí presentes, por otro lado, parecen responder a la descripción física de protagonistas directos y bien definidos de la relación del *Nican Mopohua*, aparte de que su presencia en los ojos de una imagen resulta totalmente insólita y jamás repetida en ninguna otra imagen ni siquiera obra pictórica de artista conocido alguno.

Pero pero exagerando esta situación, científicamente inexplicable es que los expertos, llevando lo más lejos posible su investigación sobre los ojos de la imagen, descubrieron que éstos presentan las ramificaciones venosas de cualquier ser humano normal, cosa que tampoco se ha dado jamás en los ojos pintados en imagen alguna, religiosa o profana.

Es decir, la Virgen muestra en sus ojos las ramificaciones venosas que cualquiera de nosotros tiene en sus propios globos oculares, lo que carece totalmente de explicación racional.

Un experto en pintura como Francisco Camps Rivera ha llegado a afirmar de esta obra:

«Es imposible hallar en la imagen señal alguna del trazo de un pincel, aparte de que nadie en su sano juicio, por muy buen pintor que fuera, hubiera intentado realizar obra tan minuciosa y detallada en algo tan poco adecuado para ello como sería un trozo de tela como el de esa burda prenda de vestir, que además no muestra preparación alguna para la obra del pintor.»

Añade el mismo estudioso en sus conclusiones:

«Para una persona como yo, no es nada difícil diferenciar una acuarela de un óleo o de temple o pastel, porque conozco a fondo todas esas técnicas pictóricas. Pues bien, puedo asegurar que la imagen de la guadalupana no entra en ninguna de esas especialidades, ni se puede detectar cómo ni en qué forma fue pintada.»

Los oftalmólogos consultados acerca de la presencia de las imágenes humanas en los ojos de la Virgen llegaron por su parte a la conclusión definitiva de que la colocación de esas figuras en la córnea de los ojos de la Virgen es completamente correcta y se ajusta al ángulo visual que la Señora pudo tener de ellos en ese momento.

Actualmente, gracias a las técnicas de digitalización y computación, las imágenes de ambos ojos se han podido ampliar hasta casi cuatro mil veces su tamaño.

¿Cuál ha sido el resultado de esa maniobra en las computadoras? Pues que, aparte las propias figuras humanas y sus rostros perfectamente definidos, en las imágenes allí grabadas aparecen visualizaciones del panorama circundante en torno al cerro del Tepeyac, como podían ser por entonces el cerro de las Estrellas o la Sierra Madre Occidental.

Por otro lado, esa digitalización de imágenes ha permitido definir con increíble exactitud los rostros de Juan Diego, del obispo

Zumárraga o del bueno de Juan Bernardino, sin duda alguna sus preferidos en aquella serie de apariciones.

¿Cómo han acogido los incrédulos esas conclusiones científicas sobre el tejido impreso con la efigie de la Virgen de Guadalupe? Con escepticismo, como es de suponer, y tratando de oponer argumentaciones que no se resisten, ya que ni siquiera la Iglesia, con todo su poder, ni todos lo métodos técnicos actuales puestos en juego pueden alcanzar la perfección descubierta en las claves que nos ofrece la tilma de Juan Diego.

En resumen, los más escépticos sobre la veracidad de esa imagen como tal milagro, parecen encontrarse con crecientes dificultades a medida que avanza el tiempo y se mejoran los sistemas de estudio de la prenda de Juan Diego, por la sencilla razón de que las cosas que hoy en día puede revelar un sistema informático avanzado era imposible, no ya de detectar en su tiempo, sino menos aún intentar siquiera realizarlo. Ya hemos dicho que no existe artista capaz de pintar sobre un tejido tan basto y desigual una serie de imágenes a escala tan infinitesimalmente reducida, no ya en la época en que la imagen fue presentada, sino ni tan siquiera hoy en día.

Los expertos informáticos actuales han convenido en que ni tan siquiera con un sistema de computarización actual sería posible grabar en los ojos de una imagen de esas dimensiones todo lo que puede verse en los ojos de la Virgen guadalupana.

Si la virgen quiso, con su presencia y con su representación gráfica sobre una vulgar tela, dejar un mensaje a todos los mexicanos para que ellos supieran interpretarlos con el tiempo, no hay duda de que lo consiguió sobradamente, pues en esas imágenes quedan implícitos muchos mensajes al pueblo que ella eligiera para amar y unir, en esfuerzo maternal digno de toda clase de alabanzas.

Por ello, la Virgen no es tan sólo la gran Patrona de México, amada y respetada por todos, sino, como decidiera el primer emperador mexicano, Agustín de Iturbide, en 1821, ser declarada Emperatriz de América, porque para los americanos de verdad, en sus momentos más difíciles, ella, su Madre adorada, hizo acto de presencia y reveló la grandeza de su amor al pueblo que sufría.

Si ella se apareció a sus gentes aquel lejano 12 de diciembre de 1531, hoy en día esa fecha es fiesta nacional en todo México, en la que todos los mexicanos, sin distinción de clases sociales ni económicas, van como una sola persona a rendirse a los pies de su idolatrada Patrona, en la basílica que lleva su nombre.

¿Es la victoria de la tradición sobre la ciencia, de la fe sobre la lógica y el racionalismo? No lo sabemos, pero esa propia ciencia se ha declarado incapaz de resolver los muchos problemas e incógnitas que le planteaba la presencia mariana, y los lógicos y racionalistas no han sabido rebatir los argumentos que la sagrada imagen ha dejado a quienes creen en ella.

Los que esperaban así encontrar en los científicos a sus mejores aliados para negar lo que la fe colectiva y la tradición popular afirmaban, se encontraron inesperadamente con el factor adverso de que esa misma ciencia que ellos enarbolaban como mejor arma contra el presunto milagro, les negaba todo apoyo, al reconocer implícitamente que muchas, demasiadas, cosas de aquella efigie divina no tenían explicación racional ni un origen humano. Que había demasiadas cosas también que no encajaban en una explicación simplista de los hechos.

Y, en definitiva, que el milagro seguía siendo un misterio, como son los verdaderos milagros. Que no tenía explicación ni fundamento alguno de tipo material y que, por tanto, la ciencia se declara impotente para resolver el problema.

Por tanto, todo sigue siendo eso: un misterio. Sigue siendo algo que la ciencia no entiende ni aclara.

Y si ello es así, ¿por qué no aceptar que, realmente, estamos ante un milagro, sin más?

El milagro guadalupano. El milagro de México por excelencia.

Nada más y nada menos que eso.

Capítulo XI

— La fe —

La fe. Ése el gran argumento. El único que parece quedarnos, a la luz de todos los procedimientos utilizados para negar algo innegable. Resulta que en nuestro materializado mundo de hoy, en nuestros siglos actuales, de técnica avanzada y de materialismo absoluto, en que sólo lo lógico es demostrable, hay algo que no encaja en todo ello y que nadie puede explicarse.

Por tanto, sólo nos queda la fe.

El milagro, en suma. Y si todo fue un milagro, hemos de desterrar todo lo demás y centrarnos en la fe, pura y simplemente.

¿Esto es definitivo? Posiblemente, no. Siguen existiendo los detractores del milagro, de Juan Diego, de su beatificación y futura santificación, de las apariciones de la Virgen, de la autenticidad de la imagen en la tilma. Siguen divididos demasiados grandes personajes, de uno y otro lado. Los que creen son millones. Los que dudan o niegan tal vez no lleguen a tantos millones, pero sin duda son muchos e importantes, empezando por miembros muy altos de la propia Iglesia, como ya hemos dicho.

Pero aunque el dilema no se haya resuelto —probablemente nunca se resolverá del todo—, algo sí hemos avanzado en este estudio del tema, hecho sin afán de pontificar, porque ésa no es nuestra tarea, ni somos quién para afirmar o negar.

131

Nos atenemos a los hechos y a los estudios que esos hechos han provocado a lo largo, no ya de años, sino incluso de siglos enteros.

Y nos damos cuenta, algo perplejos, de que al final de todo eso, en pleno siglo XXI ya sólo nos queda... la fe.

¿Hemos de creer, pues, en el milagro? A la vista de cuanto hemos dejado atrás, ¿qué otra posibilidad nos queda? ¿Unirnos a los que lo niegan todo sistemáticamente? Puede ser, claro. Pero ¿qué garantías nos dan ellos de que todo sea falso, de que Juan Diego no existiera, de que la Virgen no se le apareciese, por tanto, ni a él ni a ningún otro? ¿Qué garantías de que la imagen en la tilma sea falsa, cuando la ciencia misma reconoce su absoluta incompetencia para determinarlo a ciencia cierta, e incluso deja abierta una amplísima puerta a otras posibilidades menos materialistas?

Ante lo endeble de sus argumentos, al menos de momento, vamos a optar por seguir el camino más antiguo y tradicional de todos, el de la fe.

Sigámoslo, entonces.

El México guadalupano tiene su origen en aquellas fechas de 1531, que marcaron las apariciones de la Virgen. La imagen sagrada incluso sería años más tarde estandarte en la Guerra de la Independencia de 1810, momento en el que un sacerdote, Miguel Hidalgo y Costa, enarbolaría la insignia de la guadalupana al iniciarse la guerra, al grito de «¡Viva México! ¡Viva la Virgen de Guadalupe!».

Ha sido, pues, en todo momento, símbolo vivo del pueblo y del sentir mexicano, norte y guía de los sentimientos de toda una nación que puso su más encendida fe en ella.

En 1821, el primer emperador de México, del México contemporáneo, Agustín de Iturbide, declaraba a la Virgen de Guadalupe Emperatriz de América. En 1828, la villa de Guadalupe sería a su vez declarada ciudad por el gobierno de la República, y en 1829 se hacía declaración expresa, por parte de las autoridades de la nación, de que el día 12 de diciembre era a partir de ese momento fiesta nacional en todo México.

Actualmente, la basílica de la Virgen de Guadalupe es un espléndido edificio, catedral mexicana adonde todos los naturales del país acuden a venerar a la Patrona, Nuestra Señora de Guadalupe, junto con los millones de extranjeros que ya han visitado dicha basílica, la mayor parte de ellos católicos que quieren rendir su tributo a la Señora del Tepeyac.

Ese día festivo en que se conmemora la aparición de la Virgen en tierras mexicanas es el señalado para que, en peregrinación, lleguen miles y miles de personas de todos los puntos del país, a pie o en vehículos, guiados todos por la fe que les alienta, entremezclados con creyentes de todo el mundo, reunidos en México para el acontecimiento mariano.

Han sido muchas las personas, entre ellas grandes personalidades del mundo de la política o del arte, que han cantado sus alabanzas a la guadalupana dentro de los muros de la santa catedral basílica donde se venera a la Señora.

Parte del rito sagrado ante la Virgen suelen ser las «mañanitas» a ella dedicadas, estrofas que, con la música de «Las Mañanitas», resuenan bajo las bóvedas, en un acto de fe sencillo y, a la vez, impresionante:

> *«Despierta, Madre, despierta,*
> *mira que ya amaneció,*
> *ya los pajaritos cantan,*
> *la luna ya se metió...»*

Siguen muchas otras estrofas dedicadas a la Virgen, siempre con esa misma música:

> *«Cuando miro tu carita*
> *llena de tanto candor,*
> *quisiera darte mil besos,*
> *para mostrarte mi amor.»*

> *«Madre de los mexicanos*
> *dijiste que venías a ser;*
> *pues ya lo ves, Morenita,*
> *si te sabemos querer.»*

133

«Envidia no tengo a nadie
sino al ángel que a tus pies
hace cuatrocientos años
que te sirve de escabel.»

Y así, entre letrilla y letrilla, los ojos amorosamente puestos en la Virgen, los fieles de todo el mundo acuden cada año en ese peregrinaje solemne, demostrando su fe ciega en la guadalupana. Ése es el verdadero pueblo, el de México o el de fuera, que forma parte intrínseca del milagro, porque, si milagro hubo, fue precisamente para eso: para que los hombres creyeran en ella, para que encontrasen consuelo, amor y protección en la Señora.

La fe en ella se propagó desde un principio, quisieran o no los detractores. En 1560, ya el entonces Papa, Pío IV, en Roma, hizo instalar una imagen de la Virgen de Guadalupe en sus aposentos privados, y procedió a repartir medallas con la imagen de la Virgen. Si Roma aceptaba con ese entusiasmo aquella aparición en el lejano México, y veneraba a la figura sagrada de la Virgen morena de los mexicanos con esa devoción, siendo la sede de toda la Iglesia católica, es que algo muy grande y muy profundo había sucedido, que la historia del humilde Juan Diego había calado hondo en todo el orbe cristiano.

Pero iba a ser entre los años 1663 y 1666 cuando se incrementaran los esfuerzos para gestionar ante el Vaticano un mayor reconocimiento a la Virgen de Guadalupe. Para ello, el entonces virrey de España, marqués de Mancera, encargó que fuesen reunidas las pruebas más evidentes y llevadas al Papa, para conseguir tan difícil objetivo ante la curia romana, siempre reacia a aceptar hechos como aquél, y más habiendo sucedido tan lejos de allí, en tierras hasta entonces entregadas a religiones que ellos calificaban de «paganas».

Por entonces, el pequeño templo donde se guardaba a la Virgen impresa en la tilma, se iba quedando todavía más pequeño para acoger a tantos y tantos peregrinos como acudían a ver la santa imagen, por lo que se llegó a la conclusión de que se necesitaba un recinto mucho mayor. Las autoridades españolas de entonces estuvieron de completo acuerdo en aquel punto y, tras levantar una capillita donde depositar temporalmente la imagen, se procedió a levantar un nuevo templo más adecuado.

Las obras fueron largas, ya que, iniciada la construcción del nuevo templo en 1695, no se dio fin hasta 1709, año en que se celebraría su solemne inauguración oficial.

Durante todo ese tiempo siguieron las gestiones en Roma para que la devoción católica hacia la Virgen de Guadalupe cobrase mayor fuerza y fuese declarada oficial, pero las cosas en el Vaticano iban muy lentas, y aún sería peor cuando, en 1670, el Papa Clemente IX falleció, momento en que las diligencias se atascaron casi por completo, ya que la mayor parte de los defensores de la propuesta desaparecieron junto con aquel pontífice.

Llegamos así a 1736, año en que una epidemia de peste asolaría todo México, llegando a ocasionar casi un millón de muertos. Desesperadamente necesitados de un nuevo milagro para frenar aquel exterminio, las autoridades mexicanas elevaron súplicas de mayor urgencia a la Iglesia de Roma, pidiendo que la Virgen de Guadalupe fuese nombrada Patrona de México en tan dramáticas circunstancias.

El Vaticano aceptó por fin, y un día de mayo de 1737 se le concedió ese título a la guadalupana. No es que en Roma esperasen que con tal concesión iba a ser frenada la mortífera epidemia, pero lo cierto es que así ocurrió.

La peste comenzó a ceder en su virulencia, se fue reduciendo la cifra de enfermos y de muertos a partir de ese día, para sorpresa de no pocos miembros del clero romano, y finalmente desapareció por completo.

¿Era ése el nuevo milagro de la Virgen de Guadalupe que se había estado esperando? Tenía todas las trazas de serlo, y así lo afirmaron no solamente los mexicanos afectados por la plaga mortal, sino las autoridades civiles y eclesiásticas del país. Dijeran lo que dijeran los escépticos, el terrible mal se había acabado, justamente a partir del nombramiento de la Santa Patrona. Ése era un hecho indiscutible. Y el pueblo entero, aquel pueblo sobrecogido y diezmado por la tremenda enfermedad, fue a postrarse de rodillas ante la Virgen, para agradecerle el milagro.

La Iglesia católica mexicana decidió que era tiempo ya de interesar a Roma en algo más que nombrar patrona oficial de México a Nuestra Señora de Guadalupe. Era el momento de llevar al Papa toda la documentación e informes sobre las apariciones y sobre los detalles asombrosos de aquella imagen de la tilma de Juan Diego, para que fuese Su Santidad quien decidiera al respecto.

El Papa escuchó la historia completa y se embelesó ante la copia de la imagen guadalupana que le llevaron, junto a los informes de los expertos de que aquella imagen en modo alguno podía ser obra del hombre, ni por sus trazos ni por sus colores y menos aún por su presencia en la tosca prenda de vestir de un indio campesino.

Dio orden de apresurar los trámites para declarar oficial el milagro, rompiendo a llorar de emoción ante la imagen que veía ante sí, y en la que el instinto le dijo que había algo más de lo que allí se veía, que realmente estaba ante una obra divina, realizada por expreso deseo de la Madre de Dios.

Faltaban todavía muchos años para que nadie pensara en hacer santo a Juan Diego, el vehículo involuntario de todo aquel prodigio, pero ya en Roma se había conseguido el primer triunfo, al ser reconocida Nuestra Señora de Guadalupe como patrona de México y ser admitida su efigie en la tela como una prueba milagrosa de sus apariciones en el cerro del Tepeyac.

Todo eso no hacía sino enfervorizar más al pueblo creyente mexicano e incrementar la profunda fe de todos los mexicanos en su santa patrona. Los opositores a que se reconociese el hecho milagroso, estaban empezando a ser claramente derrotados por los acontecimientos y, pese a la ya reconocida lentitud de los procedimientos clericales de Roma, la Santa Sede admitía que existió el factor del milagro, del hecho divino, en todo cuanto se había narrado en su momento, así como en la naturaleza misma de la imagen impresa en la tilma.

Pero está bien claro que la fe no se puede discutir ni tratar de inculcar a nadie. Es algo intrínseco de cada uno. Se tiene fe, o no se tiene. Y la discusión no conduce a nada, porque ni vamos a convencer al incrédulo ni vamos a despojar de sus creencias al que cree.

Tal vez por ello, la fe en sí misma no sea una posición ante los acontecimientos, sino un modo de ser, de sentir y de «ver». Sobre todo, de ver.

Si vemos a través de los ojos de la fe, podemos aceptarlo todo, porque así lo estamos contemplando. Y a veces da la impresión de que el propio Dios no tiene especial interés en convencer a nadie con hechos probados ni con evidencias tangibles, y prefiere que uno crea sin pruebas, porque eso, justamente, es la fe: ver y creer.

De otro modo, nos hubiese podido revelar el Creador que la imagen de la Virgen de Guadalupe, como la de Nuestro Señor Jesucristo en la Sábana Santa, es justamente lo que es, y que no existe posibilidad alguna de que sea otra cosa. Si en cualquiera de ambos casos hubiese podido la propia ciencia rendirse y aceptar de modo rotundo que estábamos ante hechos milagrosos, es obvio que todo el mundo hubiese creído, porque no había más remedio que creer en aquello que se nos demostraba.

Pero Dios no obra nunca así. Siempre queda la duda, lo que puede ser pero no se sabe si realmente es, ese margen que hace que muchos no crean, mientras que otros sí creen, ¡Sería entonces tan sencillo tener fe! Tanto, que dejaría de ser fe. No necesitamos de fe alguna para saber que el sol existe, porque lo estamos viendo día tras día ante nuestros ojos. Para eso no hace falta que tengamos fe.

Sin embargo, hemos de creer en Jesucristo porque tenemos fe. Hemos de aceptar que fue el Hijo de Dios, porque la fe nos lo dice. Hemos de admitir que su madre fue la Virgen María, porque la fe nos lo exige. Hemos de creer en la verdad de los Evangelios, porque se escribieron para los que creen, y la fuerza de la fe va implícita en ellos.

Si necesitáramos evidencias concretas de todo ello, sería sumamente fácil creer, y la fe se perdería por completo, por la sencilla razón de que no la necesitaríamos para creer.

Recordemos que el estudio exhaustivo de la Sábana de Turín ha demostrado cosas, pero ha dejado otras en la sombra. No todo ha sido claro ni indiscutible en su examen científico. Si seguimos creyendo en que la imagen allí impresa es la de Jesús, es porque la fe nos dice que así fue.

Lo mismo sucede con la tilma de Juan Diego. ¿Milagro cierto? ¿Un fraude casi perfecto? Imposible estar seguro de nada, por muchos que sean los argumentos a favor de su condición divina. Siempre queda algo, un resquicio para la duda. Porque tiene que ser así.

¿Se encontrará algún día el Arca de Noé? Posiblemente no, aunque sus restos existan en alguna parte. Dios no quiere, posiblemente, que *sepamos* a ciencia cierta. Hay que creer, simplemente. Sin pruebas, sin evidencias. Y así va a seguir siendo por los siglos de los siglos, si ésa es la voluntad de Dios para conservar la fe en el hombre, por encima convicciones materiales.

En el siglo XVIII, durante una limpieza de la imagen de Guadalupe, uno de los operarios cometió un descuido que pudo haber sido fatal para la imagen de la Virgen. Era en 1711, y uno de los orfebres que limpiaban el marco donde se guardaba la sagrada tilma, derramó sin querer ácido nítrico sobre el tejido.

Según está probado, el ácido nítrico, al caer sobre una tela como aquella tilma, tenía forzosamente que quemarla de tal modo que destruiría las fibras del maguey y formaría un agujero en la tela, que arruinaría irremediablemente la imagen.

En vez de eso, solamente quedó en la tilma una leve mancha amarillenta, que en nada dañaba ni el tejido ni la figura impresa, y que con el transcurso del tiempo ha ido desapareciendo por sí sola, cosa químicamente inexplicable.

Los que no tengan fe dirán que posiblemente el líquido derramado entonces no era realmente ácido nítrico o cosa parecida, para justificar el hecho. Los que crean afirmarán sin lugar a dudas lo milagroso del hecho, como una prueba más de que la prenda es de origen divino y no humano.

Pero todavía hay más, relativo a esa pugna constante entre creer y no creer, entre la fe y el escepticismo. Debemos retrotraernos a una época mucho más reciente, al 14 de noviembre de 1921, día en el que tuvo lugar otro acontecimiento del todo incomprensible y que va contra toda lógica materialista.

Ese día, estando vacía de fieles la antigua basílica de Nuestra Señora de Guadalupe, un obrero de la construcción, de nombre Luciano Pérez, entró en el templo portando consigo un enorme ramo de flores que depositó a los pies de la imagen de la Virgen, como una ofrenda más de las muchas que siempre se hacen.

Pero aquel hombre no llevaba precisamente buenas intenciones, ya que sin duda era un anarquista peligroso, anticlerical y violento, y dentro del gran ramo de flores iba oculta nada menos que una potente carga de dinamita dispuesta para estallar.

Para dejarla justo debajo de la vitrina que guardaba a la sagrada imagen, tuvo que subir los escalones de mármol del altar y poner el ramo justo bajo la imagen. Después, se ausentó con rapidez.

Momentos después, la dinamita hacía explosión, provocando enormes destrozos en la basílica. El mármol se hizo añicos, todos los objetos de metal, incluidos candelabros y cruces, se doblaron, al mismo tiempo que las vidrieras saltaban hechas añicos, no ya en el propio templo, sino en un edificio vecino.

Asombrosamente, el cristal que protegía la sagrada imagen no sólo no se rompió, sino que ni tan siquiera sufrió la más leve grieta ni el menor daño, por incomprensible que el hecho pudiera parecer. En buena lógica, todo tendría que haber saltado por los aires y, en el mejor de los casos, sufrir la tilma allí guardada daños irreversibles. Pero nada sucedió. La vitrina en que era guardada estaba intacta. Y la imagen, en perfecto estado.

«Lo sucedido no tiene explicación científica alguna», se vieron obligados a admitir los científicos, cuando se les llamó para que constataran los hechos.

¿Cómo no iba a aumentar de grado, si cabe, la fe del pueblo mexicano en su Santa Patrona ante un suceso semejante? ¿Cómo no creer en lo que era evidente esta vez?

Hay que admitir que los detractores de todo posible milagro en torno a la guadalupana guardaron silencio en esta ocasión, no se sabe si porque no tenían posibilidad de discutir seriamente el asunto, o por sentirse acosados al fin por una duda razonable.

Son muchos, como vemos, los acontecimientos que carecen de explicación científica, en torno a la Señora de Guadalupe, a sus apariciones e incluso a su imagen impresa en la tilma de Juan Diego. Es, por tanto, completamente razonable que los creyentes vean en todos ellos pruebas claras de lo milagroso de su Patrona y de todo cuanto a ella le rodea.

Si se dice que la fe mueve montañas, ¿qué decir de una fe que se basa en hechos cada vez menos explicables desde la fría lógica y el desapasionado mundo de la ciencia? Los que niegan se van quedando poco a poco sin argumentos, y en el actual milenio las evidencias se acumulan, incluso ya dentro del terreno de la propia labor científica.

La propia NASA, la Administración del Espacio de los Estados Unidos, se ha interesado también en el tema, solicitando examinar la imagen impresa en la tilma mediante sus más sofisticados medios técnicos, que son muchos, evidentemente.

¿Qué resultados ha obtenido la NASA de ese estudio? Vamos a verlo de inmediato, para complacencia de los creyentes y para desconcierto de aquellos que no tienen fe.

Utilizando la técnica de los rayos infrarrojos, estudiaron en principio la pintura extendida sobre la tilma de tejido de maguey, sorprendidos ya de antemano al ver la calidad de la imagen, sus colores y su tersura, tratándose de algo pintado sobre un tejido tan inadecuado para semejante obra.

Su primera sorpresa no tardó en producirse. Los infrarrojos, que revelan de inmediato cualquier esbozo previo o dibujo sobre el que pintar, como sucede en todos los cuadros, incluso en los de los auténticos maestros, no revelaban allí absolutamente nada.

Nada.

Ni un esbozo, ni un trazo, ni un dibujo previo, ni tan siquiera una leve rectificación. Además, no hay pinceladas en el cuadro. Es decir, *no* ha sido pintado a pincel. ¿Cómo, entonces?, se preguntaron estupefactos los expertos de la NASA.

Realmente, aquello es como si fuese *una fotografía* impresa en la burda tela, como si ésta fuese papel fotográfico. Pero como no lo era, y no se podía imprimir en ese tejido tan basto e irregular fotografía alguna, eso no podía ser.

Además, ¿qué fotografía podía existir en el siglo XVI, cuando faltaban siglos para descubrir la cámara fotográfica? Científicamente, por tanto, la cosa carecía de sentido para ellos.

No satisfechos aún con aquella serie de hallazgos inexplicables, siguieron con el análisis químico y espectral de los colores, a través de sus sistemas de ordenadores y mediante computerizaciones minuciosas y exhaustivas.

Nueva sorpresa. Los colores están hechos de sustancias desconocidas, no ya por los indios mexicanos de entonces, sino incluso por los expertos en pintura de hoy en día. Además, el brillo y tersura de esos colores, incluso hoy en día, casi quinientos años después, es inimitable. Además, ¿cómo *fijar* esa imagen sobre un tejido de ayate, sin preparación previa alguna, lo que técnicamente hace imposible su realización?

Pero la obra está ahí. Y eso es incontrovertible. La NASA, a través de dos de sus mejores expertos, Jody Brant Smith y Phillip S. Callahan, publicó un documento en el que estudia el tema bajo el enunciado de «La tilma de Juan Diego, ¿técnica o milagro?».

Una vez más, los científicos se niegan a admitir de plano el carácter milagroso de algo que ni tan siquiera ellos entienden, y en lo que no hay posibilidad de encontrar explicación razonable alguna, ni tan siquiera a través de los más modernos métodos de investigación y análisis. Pero al menos dejan abierta una puerta a esa posibilidad que la ciencia rechaza, lo cual ya es mucho.

Cierto que los mismos expertos norteamericanos hallaron en el grabado, pintura o imagen, fuese aquello lo que fuese, huellas de tarea humana, de añadidos por artistas de nuestro mundo, pero ésos son fácilmente reconocibles, ya que éstan superpuestos sobre la imagen original, que no por ello resulta en absoluto alterada salvo por esos toques, posiblemente hechos por restauradores, y que en nada alteran la impresión original, muy distinta a esos añadidos.

La NASA asegura en su escrito que toda la porción inferior de la imagen es una añadidura gótica realizada sobre el original en el siglo XVII. Las manos de la Virgen han sido el punto más alterado y retocado del documento gráfico impreso en la tilma, lo que les hizo a los expertos norteamericanos buscar en las manos originales de la pintura.

Su conclusión al respecto es contundente:

«Las manos originales, lo mismo que el manto y la túnica, no muestran trazo alguno de dibujo previo. El sombreado, la coloración y los pigmentos de las manos originales de la imagen son inexplicables.»

Los técnicos de la NASA, en consecuencia, aunque aceptan que hay detalles de pintura llevada a cabo por manos humanas sobre el trazo original, insisten en el hecho de que todo lo demás, lo original, no tiene explicación racional alguna.

Todo esto lo afirma la ciencia. No es palabra de Dios, por tanto al creyente no le afecta demasiado, porque tiene fe, digan lo que digan los expertos científicos. El que tiene fe *sabe* que está ante una pieza milagrosa, y que todo es obra de la Virgen. El que tiene fe no necesita del apoyo científico de los expertos ni de prueba o evidencia alguna.

Pero es bueno que, al menos por una vez, la ciencia admita que hay algo que no se explica y que, pese a todas sus reservas, *puede* ser un milagro.

Hasta ahora, nunca se había reconocido algo así. Por ello, todo el que crea creerá más en todo caso. Y el que no crea seguirá dudando y poniendo objeciones.

Aunque, al paso que vamos, uno se pregunta si al final no estaremos todos de acuerdo y acabaremos por tener fe en que estamos ante un verdadero milagro.

El milagro de Nuestra Señora de Guadalupe.

Capítulo XII

Hay tanto que hablar sobre la propia Virgen de Guadalupe y todo su entorno histórico, religioso e incluso científico, que uno acaba olvidándose un poco de que el tema central de este estudio sobre el milagro del cerro del Tepeyac, hace tantos años, no es otro que su propio protagonista involuntario, porque fue elegido por un poder superior y conducido allí, hasta donde llegó por la providencia más allá de todo lo humano.

Nos referimos, naturalmente, a Juan Diego.

Juan Diego, el que primero fuese inocente campesino, al margen de toda connotación especial, salvo la de su propia fe cristiana, originada en gran parte por su propio pasado como niño y adolescente, durante el mandato de los grandes señores aztecas.

Juan Diego, que durante esa infancia y adolescencia siempre repudió y rechazó una de las costumbres rituales de su propio pueblo, de sus creencias primitivas, como era el sacrificio de seres humanos ante los dioses. Y que, por ello mismo tal vez, en la nueva religión que difundían los evangelistas extranjeros, llegados después de los conquistadores, vio una forma distinta de entender el respeto y el amor a lo divino, a través de la paz, la fraternidad y la convivencia de todos sin derramamientos de sangre ni estériles sacrificios de vidas humanas.

Juan Diego que, en suma, iba a ser el escogido por designios ajenos no ya a sí mismo sino a su propio entorno, su tiempo y sus gentes, para protagonizar la gran aventura de la revelación suprema, la de la patrona futura de México y de todos los mexicanos, Nuestra Señora de Guadalupe.

A él hemos seguido durante gran parte de esta obra, porque en él, queramos o no, está la raíz misma del prodigioso hecho y tal vez gran parte de la explicación del propio milagro que eligieran Dios y la Virgen para traer a México la auténtica semilla de una nueva fe.

La tilma o ayate que ha pasado a lo largo de los siglos por tantas manos, que ha sido venerada y adorada por millones de seres, que ha sido rechazada como dogma de fe por los incrédulos, que ha sido acogida con entusiasmo por los creyentes, que ha sido aceptada por la Iglesia de Roma como verdadera señal de un milagro, que ha sido estudiada, analizada y diseccionada infatigablemente por la ciencia de todo el mundo en busca de respuestas, suya era. Esa tilma o ayate, que era mísera, humilde y burda prenda de vestir, propia de los indígenas de su tiempo, suya era. Era el ropaje pobretón con que se envolvía el cuerpo de Juan Diego durante los crudos inviernos, como único abrigo contra las inclemencias del tiempo.

Dios quiso que esa prenda fuese clave en el proceso de aquel acto milagroso. La Virgen quiso dejar en ese sencillo tejido su divina imagen, como un regalo a los pobres, a los humildes, a los desheredados de la fortuna, a todos aquellos a los que tanto amó su Hijo en otro tiempo lejano y en otro lugar muy distante de aquél.

El elegido tenía que ser Juan Diego, como pudo haber sido cualquier otro como él, de entre tantos otros seres sencillos y pobres que soportaban su pobreza y su sencillez con cristiana humildad, porque sabido es, por palabra de Jesús, que «antes pasará un elefante por el ojo de una aguja que entrará un rico en el reino de los cielos».

En aquellos tiempos de Galilea, en aquellas jornadas remotas del Jerusalén dominado por el César imperial, también una familia humilde y oscura había sido la elegida. Entonces fue nada más y nada menos que para traer al mundo al Salvador, al Mesías de todos. En esta otra ocasión, en el México sometido a la dureza y a la tiranía de su invasor español —a fin de cuentas, un pueblo dominado por un Imperio, si se quiere buscar un paralelismo—, se trataba de algo menos trascendente, aunque no por ello menos milagroso. Si una vez los hombres sin esperanza habían podido verse iluminados y redimidos por la presencia de Cristo Salvador, ahora se trataba de que otros hombres en parecidas condiciones de dominio extranjero y de sometimiento forzoso a leyes de otras gentes, recibieran el consuelo luminoso, el bálsamo confortante del amor de María, la Madre de todos, reflejado con su aparición ante Juan Diego en el cerro del Tepeyac, para dejar como herencia suprema para todos los mexicanos la imagen de Santa María, Madre de Dios.

En los tiempos del dominio del Imperio romano sobre los pueblos sometidos, tuvo que surgir un Redentor. En los tiempos del dominio del Imperio español, tuvo que surgir la fe en la Virgen. Ambos hechos son diferentes. Pero en el fondo ambos son designio supremo de Dios para con los oprimidos. En ambos casos, se llevó a los que nada esperaban la fe y la esperanza que pudiera ser guía de sus vidas en el futuro.

Por ello no es de extrañar que, andando el tiempo, y con la perspectiva distinta que los acontecimientos dan en la distancia, se empezase a pensar en las posibilidades de llevar a cabo un proceso de beatificación de aquel hombre admirable, fiel creyente, esforzado defensor de su fe, amante de la Virgen hasta el fin de sus días, beatificación que diese a Juan Diego, el insignificante indígena destinado a ser portavoz y testigo de los deseos de la Madre de Dios, el merecido premio, ese premio que él, seguramente, nunca esperó ni tan siquiera soñó con alcanzar cuando servía día a día, con la mayor devoción y entrega, a la Señora de Guadalupe en su humilde y primitiva capilla de entonces.

Este proceso de beatificación, en tiempos más remotos, hubiera sido cosa sencilla, ya que bastaba el testimonio de fe de un simple grupo de creyentes para que alguien fuese beatificado por la Iglesia. Pero ahora corrían otros tiempos, al menos desde el siglo XVII.

Fue en 1643 cuando Urbano VIII, a la sazón Sumo Pontífice de Roma, proclamó la bula llamada «Celestial Jerusalén», a través de la cual se especificaban una serie de obligadas condiciones y del minucioso examen de los posibles méritos de cualquier persona a la que se pretendiera beatificar.

Esta decisión papal cambiaba mucho las cosas, ya que exigía que el desarrollo de aquel proceso eclesiástico fuese llevado a cabo con la máxima rigidez, sin dejarse llevar por impulsos ni por apariencias engañosas. Se buscaba evitar el más mínimo desvío del objetivo primordial, y las condiciones para alcanzar la denominación de beato se volvieron así severísimas.

Dentro de esas severas reglas entraba una en concreto que podía interrumpir y paralizar el proceso de forma indefinida, a la presentación de la menor objeción con fundamento que pusiese en duda la resolución de los procedimientos o que pudiera contribuir a desacreditar de alguna manera la credibilidad de la causa a seguir.

Esto ya era de por sí bastante complejo para frenar toda alegre demanda de beatificación y, por si ello fuera poco, otro Papa, Benedicto XIV, dispuso toda una serie de normas muy rígidas, mediante las cuales se trabajaría en esos procesos a base de una investigación exhaustiva de los posibles méritos de la persona a beatificar, y no digamos ya de los presuntos «milagros» atribuidos al interesado y la cantidad de pruebas necesarias para demostrar que eran obra del designado, y todos ellos llevados a cabo bajo el supremo designio de Dios.

Cierto que Juan Diego era persona considerada como «siervo de Dios», pero éste es un simple título que se da a aquellos cristianos que han fallecido con aureola popular de santidad. De ahí a subir a los altares, quedaba sin duda un muy largo trecho.

La Congregación de la Causa de los Santos, que es la organización eclesiástica encargada de tan delicada tarea, suele hilar muy fino en eso de conceder beatificación o santidad a aquel o aquella a quien analizan, y empieza por exigir toda una serie de pruebas documentales sobre la vida y obra del elegido, que pasan a ser minuciosamente estudiadas y desmenuzadas al máximo, siempre con un grupo de teólogos que se oponen sistemáticamente al nombramiento y que, como fiscales del caso, argumentan toda clase de objeciones contra cualquier decisión favorable.

Es un modo drástico y exigente de evitar errores y pasos en falso o medidas a la ligera. Examinado el caso en profundidad, pasa luego a manos del llamado Relator General de la Fe, que vuelve a examinar todos los documentos y pruebas, que coteja informes y declaraciones, y no son enviados los resultados al Sumo Pontífice hasta que el conocido como «abogado del diablo», siempre enfrentándose a toda posibilidad de beatificación o santidad, no presenta a la vez su propio recurso.

Todo esto da una idea de la dificultad de llegar hasta los altares, pero es que no se limitan a eso los obstáculos que la institución eclesial pone al paso del recurso. Todavía existe otro freno importante en el camino, y es el que constituye un nuevo estudio llevado a cabo con todo rigor por jueces, sacerdotes y cardenales, hasta que la documentación final llega a manos del Papa, que es quien, en definitiva, ha de tomar la decisión final.

Cuando Su Santidad decide inscribir a la persona elegida como beata o santa, la hace inscribir así en el correspondiente libro, y a partir de entonces se considera a esa persona digna de ser objeto de culto por parte de los creyentes, «porque ese siervo de Dios goza de la eterna bendición a causa de sus heroicas virtudes cristianas, que han sido debidamente estudiadas y comprobadas», según reza textualmente.

Sea como sea, y por lo que podemos ver en esta breve descripción de todos los protocolos y exigencias necesarias para ello, suele ser un proceso tan trabajoso como prolongado, que en ocasiones lleva años, si no décadas enteras, puesto que la Iglesia católica se anda con mucho cuidado a la hora de reconocer y dar oficialidad a todos los méritos de estos siervos de Dios especialmente elegidos.

A pesar de todo ello, existen ocasiones —muy contadas, eso sí—, en que la Iglesia puede llegar a dar una cierta preferencia a aquellas causas que considera más apremiantes, bien por necesidad de los propios fieles, bien porque los méritos de la persona estudiada han sido sobradamente probados a través de hechos y actuaciones muy concretos.

Ése fue el caso de Juan Diego, a quien iban a beatificar ciertamente con suma premura, aunque llevase ya un buen número de años pendiente de una resolución definitiva.

Así, se puede decir que Juan Diego, como una de las raras excepciones a la regla, iba a ser beatificado y santificado en muy breve espacio de tiempo, para lo que suelen ser estos procedimientos dentro del seno de la institución católica.

Veamos por qué seguidamente.

* * *

Juan Diego fue beatificado con cierta facilidad, habida cuenta de la lentitud y minuciosidad con que estos procesos se suelen llevar a cabo a través de los cauces eclesiásticos, como hemos visto en nuestro anterior estudio.

¿Por qué?

No sé si va a ser fácil explicarlo, pero lo cierto es que el proceso de beatificación del indito del Tepeyac duró solamente unos seis años, poco más o menos, lo cual, para los plazos habituales en esta clase de cuestiones dentro de la Iglesia de Roma, es un período sumamente breve, que podría confundirnos y llevarnos a la creencia de que todo fue demasiado precipitado. Sin embargo, en ningún momento ha sido así, digan lo que digan los detractores de Juan Diego, que por cierto son muchos y de considerable peso dentro de la curia.

Comenzó este proceso de beatificación el 11 de febrero de 1984 y se dio por terminado el 3 de abril de 1990: fechas, como se ve, muy recientes, para los tiempos en que tuvo lugar el milagro. Pero así son las cosas de Dios y de sus servidores más directos. Para ellos, la prisa no existe. Y menos cuando se ha de otorgar un título de beato o de santo a un ser en concreto.

En abril de ese año, la Congregación de la Causa de los Santos firmó la aprobación definitiva para dar el proceso por terminado con resultados afirmativos, y el 17 de diciembre se hacía pública la exposición del proceso.

A través de ese estudio del caso, habían sido miles y miles de documentos, declaraciones, actas y toda clase de informaciones de todo tipo, acumulados en torno a la figura de Juan Diego. Por tanto, el período transcurrido entre la apertura del expediente y su conclusión no se puede considerar prolongado, sino todo lo contrario.

Fueron presentadas numerosas objeciones al procedimiento, muchas de ellas por parte de destacados miembros de la Iglesia, rechazando de plano toda posibilidad de que Juan Diego fuese beatificado, pero tanto el Papa como los cardenales especializados en tales temas no llegaron a encontrar obstáculo alguno en los procedimientos a seguir que pudiera inclinar en otro sentido su decisión, y por tanto, por unanimidad, aceptaron la propuesta y se le aconsejó a Su Santidad que diese oficialidad, sin temor alguno, a la solicitud de beatificación del indio mexicano a quien se le apareciese tantos años atrás la que desde entonces ha sido la Patrona de México, Nuestra Señora de Guadalupe.

La votación de los cardenales, llegado el momento de emitir su opinión al respecto, fue en todos casos positiva, ya que se sabe que, de nueve miembros de aquel singular y severo jurado, la totalidad de los votos fue favorable a la canonización del propuesto Juan Diego, para frustración y declarada decepción de los numerosos opositores de la causa.

Claro que por el momento solamente había sido concluida una primera fase del proceso, que era la beatificación del futuro santo, por lo que en esos momentos Juan Diego es, para la Iglesia y sus fieles, «el beato Juan Diego», pero no «San Juan Diego», aunque el primer paso para esa santidad estaba ya dado.

Su beatificación no obtuvo rechazo, como ya hemos señalado, y por ello el Papa Juan Pablo II, actual Pontífice, procedió a beatificar, pública y oficialmente, a Juan Diego el 6 de mayo de 1990. La beatificación solemne fue oficiada por el Sumo Pontífice en la propia basílica de Guadalupe, en la ciudad de México, durante el viaje que Su Santidad realizó a tierras mexicanas, precisamente con ese motivo.

En esa misma fecha fueron beatificadas otras personalidades mexicanas, pero es evidente que el interés de todo el cristianismo americano, e incluso del mundo entero, estaba centrado en la persona del indio Juan Diego. Cierto que éste ya era considerado un santo por sus propios contemporáneos, y que su muerte tuvo lugar en olor de santidad para cuantos le conocían, pero lo de ahora era el reconocimiento oficial de la Iglesia a esa santidad que el pueblo llano le había reconocido mucho tiempo antes.

Por orden expresa del Papa, se fijó como festividad de Juan Diego para la Iglesia el día 9 de diciembre, momento en el que se iniciaron las apariciones de la Virgen en su tiempo, y momento también en el que los pies morenos de aquel indito comenzaban su andadura inexorable hacia la santidad.

En palabras de Su Santidad, la figura humana de Juan Diego fue alabada sin reservas, así como su condición de emisario de los divinos designios de la Madre de Dios, y Juan Pablo II, entre otras cosas, dijo que «era ejemplo de laicos que laboraban por la fe», y que podía ser considerado como «abogado y protector de los indígenas».

Otras muchas alabanzas fueron dedicadas por el Papa a la figura del mensajero de la Virgen del Tepeyac, en frases como aquellas en que destaca que «en los inicios de la evangelización en México, San Juan Diego ocupa un lugar muy especial», o aquella otra en que dice a los fieles que le escuchan: «Es su amable figura elemento inseparable del milagro guadalupano, la aparición milagrosa y maternal de la Virgen, Madre de Dios, tanto en los momentos iconográficos y literarios como en la secular devoción que la Iglesia de México ha manifestado por este indio escogido por María.»

Son palabras de Juan Pablo II que reflejan fielmente lo que es y representa para todo el pueblo mexicano la figura de su indito, ya destinado a ser santo por designio divino, puesto que la Virgen lo eligió a él de entre todo su pueblo, para que hablase de la grandeza y del amor de la Madre de Dios a todos sus compatriotas.

Se debe tener en cuenta que, en el fondo, todo santo no es sólo una representación de sí mismo, sino del pueblo al que pertenece, por lo que el indio Juan Diego representa en su persona a todos los indígenas, a todos los indios mexicanos que aceptaron aquella nueva fe, aquella religión para ellos desconocida hasta entonces, que traían de sus lejanas tierras los conquistadores españoles. Él es el símbolo vivo y perenne de todos y cada uno de los indígenas de México, de todos los que, como él mismo, creyeron en Dios y en la Virgen María.

Cuando en Julio de 2002 canonizado, se habían cumplido los designios mismos de la Virgen, que ya le rodeó de santidad por el simple hecho de escogerle para ser su mensajero ante los demás y tener el gran privilegio de hablar con ella, de asistir a su sagrada presencia.

Pero si después de aquel milagro Juan Diego hubiese llevado otra clase de vida, tal vez su santidad no sería tan indiscutible. Sin embargo, sabemos que, a partir de su papel como testigo en la aparición de Nuestra Señora de Guadalupe, llevó una vida ejemplar, digna de un verdadero santo. Aquella entrega suya al culto a la Señora, de entrega y amor al servicio de Dios, de sus largas horas e incluso más largos días enteramente dedicado a cuidar de la sagrada imagen en su primitiva y sencilla ermita o capilla, tenían mucho de santidad aunque él no lo supiera.

Y por si eso fuera poco, nunca se supo de nadie que fuese enemigo suyo, jamás tuvo problemas con nadie, se llevaba bien con amigos, parientes o familiares, amó sincera y tiernamente a su desdichada esposa, a la que tan pronto perdería, sin pensar nunca en sustituir aquel amor por otro ni a su desaparecida mujer por otra. Jamás se metió en problema alguno, no tuvo enemistades ni guardó rencor a nadie ni se lo tuvieron a él. ¿Hay muchas personas en este mundo que puedan decir lo mismo?

Era como si todo estuviese ya señalado de antemano, como si Dios mismo, desde su nacimiento, le tuviese escogido para que, llegado el día, le sirviera con aquella devoción y aquel amor que él supo darle en todo momento, del mismo modo que se lo dio a la Virgen. Si Jesús dijo una vez «amaos los unos a los otros como yo a vosotros os he amado», incluso antes de conocer esa fe, antes de saber siquiera de la existencia de Cristo, Juan Diego cumplía ya con las peticiones del Salvador, como si ya antes de conocer el cristianismo fuese un cristiano de corazón.

Por algo ha sido norma para la propia Iglesia siempre que los elegidos para la canonización, y que por ello mismo se supone que han de ser los modelos a elegir por el pueblo fiel, lo sean sobre todo por cumplir los principios enunciados por Jesús en sus enseñanzas. Juan Diego, antes y después de conocer las palabras del Mesías, ya cumplía sobradamente con esas condiciones previas que la institución eclesiástica exige a sus santos.

Es por ello, quizá, que más haya podido sorprender a la opinión pública mexicana que destacados miembros de su Iglesia re-

chazasen de plano el nombramiento del beato Juan Diego, incluso
en una carta firmada por todos ellos y enviada al Vaticano. Que los
propios religiosos de México quieran ponerle trabas a esa beatificación y se opongan frontalmente a la misma, era posiblemente lo último que esperaba el pueblo llano de México.

No vamos a entrar en polémicas, entre otras razones porque no
es ésa nuestra tarea al ofrecer al lector la vida y obra de Juan Diego,
y porque siempre son muy respetables las opiniones, porque para
eso está el libre albedrío humano, que nos permite expresarnos en
libertad conforme a nuestro propio criterio.

Pero el hecho merece, como mínimo, una información para ese
mismo lector, puesto que afecta de forma muy directa a la persona
de Juan Diego, al milagro guadalupano y a la propia fe de todos en
los hechos relatados.

Los cuatro firmantes de esa carta eran miembros de la Iglesia
católica mexicana. Y los cuatro son personalidades dignas de todo
respeto, se esté de acuerdo con ellos o no. Se trata de Guillermo
Schulemburg, ¡abad emérito de la basílica de Guadalupe!, como primer firmante del documento. ¿Sorprendente, verdad? Mucho. Pero
sigamos con la relación: firman después Esteban Martínez, ex di-
rector de la biblioteca de la basílica de Guadalupe: Carlos Warnholtz,
profesor de Derecho de la Universidad Pontificia Mexicana, y Manuel
Olimón, maestro de la misma Universidad Pontificia Mexicana.

Sorprende la personalidad de los cuatro opositores más firmes
a la beatificación. Son miembros indiscutibles de la propia Iglesia,
cultos, conocidos y muy respetados. ¿Por qué se oponen a que Juan
Diego sea beato ahora y en su día santo?

La argumentación —sin hacer comentarios sobre la misma, tarea que no es de nuestra competencia— se puede encontrar en un
escrito que acompaña a su carta, y en la que se expresa su criterio
para no estar de acuerdo con la decisión vaticana:

> «La existencia de Juan Diego nunca ha sido probada.
> Podríamos obtener muchas firmas de eclesiásticos preparados,
> así como de laicos intelectuales que avalan nuestro informe, pero
> no es nuestro fin provocar un escándalo, simplemente queremos
> evitar que disminuya la credibilidad de nuestra Iglesia.»

Il Giornale de Italia reprodujo el documento de las personalidades eclesiásticas mexicanas, que había sido dirigido al cardenal Ángelo Sodano, secretario de Estado del Vaticano, por lo que pronto fue del dominio público y provocó un considerable revuelo, bastante cercano al escándalo, que los firmantes de la carta manifestaban desear evitar.

Si los fieles italianos no entendían demasiado bien el sentido de aquella protesta formal, firmada por gentes tan destacadas del ámbito religioso mexicano, ¿qué decir de la opinión pública del propio México, que veía cómo sus preclaros compatriotas cercanos al clero o pertenecientes a él presentaban semejante objeción a una ceremonia que había sido para todos ellos motivo de justo orgullo y alegría?

Las cosas no estaban demasiado claras ni tan siquiera para un gran sector de los informadores. Por ello no es de extrañar que se aireasen puntos un poco tendenciosos acerca de alguno de los firmantes de la protesta, y se censurasen agriamente por parte de quienes conocían bien a aquellas personalidades.

Por ejemplo, al ex abad de la basílica de Guadalupe Carlos Warnholtz se le echó en cara que, si durante el tiempo que ocupó aquel cargo ya creía saber la no existencia de Juan Diego, ¿por qué calló entonces, y en cambio ahora, cuando era una persona que vivía lujosamente, propietario de fincas valiosas, conduciendo coches de las mejores marcas y relacionándose con los niveles de más alta condición social y económica de México, se le ocurría sacar a colación un tema que debiera haber denunciado entonces y no ahora?

Algunos le recordaron con indignación que él era el primero en difundir y alentar ante el pueblo creyente, no sólo la fe en la Virgen, sino en el propio Juan Diego, a quien en aquella época consideraba vehículo de los divinos designios de Nuestra Señora de Guadalupe. ¿Era ético afirmar eso siendo abad de la basílica y negarlo incluso de modo oficial y a guisa de protesta formal ante el Vaticano, cuando ya no ocupaba el cargo religioso?

Era inevitable. El revuelo se iba convirtiendo en escándalo, porque personas que siempre habían aceptado como un dogma de fe de la Iglesia la aparición de la Madre de Dios en el Tepeyac y el papel de Juan Diego en el prodigio, ahora tomaban una postura muy diferente. ¿Mentían entonces o mentían ahora?

Nosotros no entramos ni salimos en la cuestión, nos limitamos a dejar constancia de los hechos, tal como se han producido, así como de las consecuencias y reacciones que todo ello produjo. Los firmantes de la carta al Vaticano dejaron clara su postura en este asunto, al menos en el momento en que lo hicieron. La gente, el pueblo mexicano en particular y el católico en general, también tuvieron perfecto derecho a dejar clara su propia postura en el mismo caso. Que cada cual saque de ello las consecuencias que crea acertadas.

En cuanto al terreno puramente formal de la carta de objeciones a la beatificación y canonización de Juan Diego, hay que recordar que la filtración de los detalles de dicha carta a los medios de comunicación italianos violaba una serie de cánones eclesiásticos, como los 1454 y 1455, en que se exige el secreto obligatorio a todos cuantos intervengan en un proceso eclesiástico, y en el caso que nos ocupa se viola también el canon 1475, que prohíbe explícitamente facilitar documentos de un proceso fuera del ámbito vaticano y de los miembros de la Iglesia encargados de llevarlo a cabo.

Por esa y otras razones —entre ellas, imaginamos, la del hecho de negar la existencia de Juan Diego, probada ya documentalmente en varias ocasiones—, la Santa Sede hizo oídos sordos a la protesta de las importantes personalidades religiosas de México que habían firmado dicho documento, y la carta en cuestión no fue tenida en cuenta para el proceso de beatificación abierto, como no lo fue tampoco para el subsiguiente proceso de canonización en marcha posteriormente, y para cuya conclusión prometió el Papa acudir de nuevo a México para elevar a los altares de santidad al indio Juan Diego.

Si su salud se lo permitía, seguro que Juan Pablo II acudiría a la prometida cita con los fieles creyentes del milagro guadalupano, para darles la gran alegría de hacer santo al indígena que la Virgen eligiera como su portavoz. La fecha prevista para el magno acto se fijó para el año 2002, en cuyo mes de Julio tuvo lugar el evento.

De todos modos, cualquiera que fuera el momento en que Juan Diego fuera elevado a los altares, en el corazón de todo mexicano creyente ya existe un altar particular donde el indito es santo desde hace muchísimos años, desde el principio mismo de la historia de las apariciones guadalupanas, en el siglo XVI.

Para la Iglesia, Juan Diego va a ser ahora un nuevo santo al que rendir culto.

Para los mexicanos que rinden culto a Nuestra Señora de Guadalupe, Juan Diego fue y ha sido siempre ese santo que ahora ha sido oficialmente reconocido.

Capítulo XIII

— San Juan Diego —

Hemos hablado del punto de vista del creyente mexicano, que acepta a Juan Diego como santo sin necesidad de que nadie, ni tan siquiera la Iglesia católica, por muy respetuoso que sea con ella como fiel miembro de la misma, tuviera que certificarlo mediante procedimientos, decisiones, procesos o ceremonias de ningún tipo.

Pero la santidad de Juan Diego, tratada como tal en términos concretos y definitivos, de valor oficial, ya es otra cosa. Hemos visto que hay numerosos adversarios de tal medida. Si en vida, el pobrecito indio no tuvo nunca enemigos conocidos, hay que convenir en que hoy en día, casi quinientos años después, empiezan a salirle en abundancia y por todas partes, como maléficos entes que hubiesen permanecido agazapados durante siglos enteros, a la espera de salir a la luz para demostrar su odio o su animadversión hacia aquel que en vida no se ganó la enemistad de nadie.

Son paradojas del destino y de la propia vida, de la naturaleza humana tal vez. Resultaría demasiado duro tener que admitir que en aquellos tiempos las gentes eran más sencillas y crédulas, sus intenciones eran menos perversas o menos envidiosas, y maravillarse de que tanto nativos como extraños, mexicanos indios o españoles cristianos, fuesen de más buena fe que nosotros, las personas actuales.

Sea como sea, lo cierto es que los detractores del milagro guadalupano han empezado a aflorar ahora con más virulencia que nunca, dispuestos todos ellos a rechazar hasta el más insignificante vestigio de milagro en aquellos hechos, de intervención divina en aquel acontecimiento tan trascendente para México a lo largo de los tiempos.

Lo cierto es que muy recientemente, ahora mismo como quien dice, han vuelto a surgir las voces contrarias, la polémica e incluso la discusión apasionada que niegan el pan y la sal al gran milagro del Tepeyac y a la propia Virgen de Guadalupe. Resulta curioso que, mientras muchos otros hechos prodigiosos de la historia de la Iglesia no han sido cuestionados ni tan siquiera a la luz de modernos medios de investigación, se intente tan tenazmente negarlo todo en relación con Juan Diego y su milagrosa experiencia de 1531.

Ya no se trata solamente de la existencia o no del nuevo santo católico. Ahora se cuestiona la propia tilma, su prenda con la imagen de la Virgen impresa en su tejido.

Numerosos sectores críticos cuestionan no solamente que sea una prueba veraz del milagro, sino que incluso se ha llegado a afirmar rotundamente que se trata tan sólo de la obra de un pintor anónimo, casi seguramente europeo, que colaboró en el gran fraude.

Si se discute la tilma y la figura mariana en ella reproducida, se discute todo en realidad. Es algo que ya se puso antes en tela de juicio, pero que ahora, de nuevo, vuelve a cobrar fuerza entre los detractores del hecho. Alegan ellos que su autor pudo ser un pintor de extraordinaria calidad, tal vez incluso uno de los muchos genios de la pintura que por aquellos tiempos existían en Europa, ya fuese español o flamenco, pongamos por caso, capaz de darle a su obra ese matiz de realidad que tiene.

Después de cuanto hemos hablado al respecto en capítulos anteriores, analizando la tilma y la pintura, es de suponer que ese pintor tendría que ser algo más que un gran artista, y hasta algo más que un genio. Dudamos que incluso Miguel Ángel o alguien de su mismo nivel —si es que existía— pudiera hacerlo tan perfecto. ¿Era posible, con las técnicas pictóricas de entonces, pintar directamente en el burdo tejido, sin preparación previa, sin boceto ni dibujo anterior, sin dejar huella de pinceladas, y por si todo eso fuera poco, lograr trazar los vasos sanguíneos en los ojos de la Virgen, las imágenes humanas reproducidas en el reflejo de las pupilas de la Virgen, incluso la débil mancha de ácido en el tejido, recuerdo de un accidente que debió destruirla sin remedio?

Son muchas preguntas sin respuesta, que los exégetas de esa imagen solamente discuten con un argumento único, por débil que éste sea: un pintor genial pudo hacerlo todo así, si con ello hacía un gran favor a la Iglesia, entonces tan poderosa, y a los progresos de la evangelización en tierras paganas.

Discutible argumento, sin duda, que puede explicarlo todo o no explicar absolutamente nada, dependiendo del bando en que uno esté. Nosotros vamos a intentar no estar con ninguno de ellos y tratar de ver las cosas con frialdad y con la necesaria ecuanimidad para no caer en la tentación de creer ciegamente a los que sí creen o de unirnos a los que no creen.

Pudo ser un engaño, en efecto. Nadie tiene prueba definitiva alguna de que la obra sea o no obra de un pintor, de un hombre, salvo las conclusiones científicas que afirman que «no pudo ser obra de manos humanas». Tratemos de olvidar esto y centrarnos en algo más concreto, intentando ser, por un momento, verdaderos «abogados del diablo».

¿Es la pintura de la Virgen en la tilma de Juan Diego un fraude? Aceptemos que lo fue. Que la imagen fue pintada por un pintor, buscado no sé dónde y capaz de crear la obra de su vida y de muchas otras vidas de grandes pintores. ¿Significa eso que *no* existió el milagro?

Rotundamente, no. El milagro existió. Existe. Y creemos que seguirá existiendo. Porque el verdadero milagro, tal vez, esté en el hecho de que millones de seres, en su día y a través de los siglos, hayan creído y sigan creyendo. El milagro es la unificación de todo un pueblo, el mexicano, que pasó de su religión primitiva anterior a la nueva fe cristiana sin que nadie le obligase ya a ello.

Por su propia voluntad, abiertos los ojos a una nueva creencia, abrazaron la fe de Cristo y reconocieron como Madre de todos a la Santísima Virgen de Guadalupe, patrona de todos ellos. Ése fue el milagro y no otro.

No se puede buscar la raíz de un milagro en un simple trozo de tela donde exista una imagen más o menos perfecta para explicar la fe de todo un pueblo en el hecho portentoso y en la nueva esperanza y amor que en ellos despierta el suceso. Ni tan siquiera en el hecho de que Juan Diego existiera o no, fuera declarado beato o no, alcanzado los altares como santo o no.

Todo eso no cuenta, en definitiva. Porque la gente cree, y eso es lo que nadie puede negar. Siempre se discutirá todo, pertenezca al mundo de lo humano o de lo divino. Más aún a esto último, por ser algo intangible y que ninguno podemos probar. Pero mientras haya un solo ser que crea y tenga fe, el milagro sigue existiendo. Sólo que no se trata de un creyente, sino de miles, de millones de ellos, no sólo ya en México, sino en todo el mundo.

No digamos sí, por añadidura, se acumulan las pruebas sobre la veracidad de la imagen allí impresa, si los científicos admiten no poder explicarse muchas de las cuestiones que dicha imagen plantea, si surgen cosas y cosas sin explicación racional, si se demuestra hasta la saciedad el nacimiento, vida y muerte del indio Juan Diego, si la imagen revela aspectos de su grabado —o lo que ello sea—, que nadie entiende y que los expertos se esfuerzan en vano por entender o justificar.

Entonces, seguir negando parece una postura obstinada, fruto de un empecinamiento por seguir negando a ultranza, sin aportar nuevas evidencias que desmonten lo que la Iglesia por un lado y determinados medios científicos por otro han demostrado más fehacientemente que en muchos otros casos similares.

Uno tiene a veces la impresión de que hay demasiadas personas en el mundo obstinadas en rechazar el milagro guadalupano, sin tener claras las motivaciones de esa posición. Sin entrar ni salir en la cuestión, es obvio que si se ponen en una balanza los pros y los contras, los elementos favorables al milagro y los desfavorables al mismo, nos encontramos, no sin sorpresa, que los equilibrios se decantan claramente hacia los primeros postulados. Da la impresión de que, pese a que no sea nada corriente en un hecho milagroso de esta magnitud, las cosas sobrepasan lo habitual en estos casos, y estamos más próximos a la demostración de que el milagro existió que a la teoría de que todo ello fue pura invención, engaño, fraude o delirio.

En suma, que el hecho de que Juan Diego pudiera llegar a ser San Juan Diego no tiene nada de raro ni presenta incógnitas demasiado profundas.

¿Tienen razón los partidarios? ¿La tienen los detractores?

No lo sabemos a ciencia cierta. El «sí» o el «no» a la cuestión no es tampoco cosa nuestra. Necesitaremos que alguien nos demuestre algo rotundamente para tomar una postura definitiva.

Pero de momento, forzoso es decirlo, las únicas pruebas, sorprendentemente, parecen ser las que nos aporta algo que no necesitaría prueba alguna: la fe en el milagro.

* * *

Ha habido quienes han llegado a objetar que Juan Diego era indio y, por ello mismo, no tenía derecho a llegar a la santidad.

Es una conclusión abominable y penosa, pero que además la propia Iglesia católica tiene suficientes argumentos para rechazar de plano, no ya por su tinte racista, sino porque dista mucho de ser un obstáculo para la canonización. Según reza el magisterio de la Iglesia, puede ser propuesto para canonizar cualquier católico, sea cual sea su color de piel o su condición social, siempre y cuando sea su vida la que haya tenido un halo evidente de santidad por uno u otro motivo. Si Juan Diego era considerado incluso por sus propios compañeros de raza como un santo, ¿qué otra medida podía adoptar la Iglesia, sino aceptar la demanda de beatificación y canonización, y resolver en consecuencia?

La objeción en este caso, por tanto, no se tiene en pie por parte alguna, y demuestra no ya una estrechez de miras penosa o un desconocimiento de los temas eclesiásticos rayano en la ignorancia, sino además una verdadera afrenta para el verdadero espíritu cristiano de la santidad y de su significado.

Hay que recordar que cuando se le apareció la Virgen y le pidió que llevara un mensaje al señor obispo, solicitando un templo para rendirle culto, prometió a Juan Diego una recompensa por ello, anunciándole que sería glorificado por su labor. Que a Juan le esperaba la gloria celestial, no cabe duda de ello, si la propia Virgen se lo anunció así. Pero también puede interpretarse ese anuncio de la Señora como una anticipación de lo que habría de ocurrirle aquí, a nivel puramente terrenal. ¿Qué mayor glorificación, en la tierra, que el reconocimiento de la santidad entre los hombres?

A ello sin duda pudo aludir Nuestra Señora en sus palabras, aun en el supuesto de que un hombre humilde y pobre, como era nuestro indito, pudiese llegar a pensar en una recompensa consistente en dinero, joyas, oro o cualquier otra forma de riqueza terrenal, cosa que por otro lado tendría su lógica en persona que tan poco tenía y había tenido siempre. Pero, por otro lado, sabemos por cronistas de la época que no era precisamente la ambición de riquezas ni la codicia por objetos de gran valor material lo que movía a los indígenas de entonces. Los mexicas eran gente sencilla que se conformaba con poco, y que no esperaban grandes premios materiales en este mundo.

Hay un escrito de la época que lo refleja con bastante exactitud en algunos de sus párrafos, por lo que procedemos a transcribir los mismos, como un ejemplo de lo anteriormente comentado:

> «Los indios se contentan siempre con tan poco, que es de suponer que no deben tener ningún estorbo para llegar al cielo...».
>
> «Nunca pierden el sueño por amasar grandes riquezas, ni se han matado jamás entre ellos por alcanzar dignidades ni privilegios...».

Eso retrata fielmente su modo de ser, sencillo y simple, sin apetencias ni ambiciones. Y si fue precisamente Jesús quien dijo a los que querían ser sus discípulos «seguidme sin nada que os pese porque a mí, ya me veis, nada me pesa», en alusión al peso de las joyas que pudieran llevar encima —y quien dice joyas, dice monedas de oro o cosa semejante—, no hay duda de que pocos en este mundo han seguido más fielmente esa enseñanza, aun antes de conocer siquiera la existencia misma del Mesías.

Tenemos, por tanto, a una raza de hombres —y mujeres, por supuesto— que solamente ponían sus aspiraciones en la capacidad de amar a sus gentes, en la propia grandeza de su espíritu y, llegado el momento en que conocieron y siguieron las doctrinas cristianas, supieron como pocos amar a Dios por encima de todo y aceptar su doctrina aun sin tener ni esperar nada como recompensa.

Es más, ellos mismos se daban cuenta exacta de lo mísero de su condición, de la pobreza en que vivían, y aun así nada pedían ni nada esperaban a cambio de su fe cristiana y de su amor hacia sus semejantes y hacia las enseñanzas de su nueva creencia religiosa.

Juan Diego era uno más de entre esa gente admirable por su sencillez, por su honradez de espíritu y su grandeza de alma; era un nativo como todos los otros, que tampoco albergaba ambiciones ni deseaba otra cosa que vivir en paz consigo mismo y con todos los que le rodeaban.

Pero la Virgen le escogió a él, de entre todos, para que fuese su emisario ante el obispo, y le prometió una recompensa a cambio de ello. Nuestra Señora no faltaría a su palabra: andando el tiempo, el recuerdo de Juan Diego sería ya eterno al pasar a ser uno de sus hijos predilectos, por el camino de la santidad.

No importa lo que digan los otros, los que se oponen a su camino celestial. Y no importa, porque Juan Diego ya empezó a ser santo en la cima del cerro del Tepeyac aquel día de diciembre de 1531 en que todo comenzó. Lo de ahora no es sino la confirmación oficial de algo que Dios le había concedido ya, a través de la Santa Madre. El camino de la santidad estaba iniciado desde el instante mismo en que vio ante él aquella divina imagen envuelta en luz y oyó la dulcísima voz de María entre trinos celestiales.

Luego se confirmaría con el asombroso retrato impreso en su pobre ropaje de maguey, con la primera capilla, modesta y rudimentaria, donde alojar a la Virgen y donde empezar a rendirle culto con toda devoción. Cuando, mucho más tarde, la sagrada imagen fuese expuesta en la santa basílica catedral, y los peregrinos, en vez de cientos de indígenas creyentes, fuesen miles e incluso millones de seres venidos de todas las partes del mundo, todo aquello no sería sino la confirmación de lo que empezara de modo tan sencillo y callado, tan discutido e incluso negado.

La figura de Juan Diego está a punto de llegar al final del camino, donde le espera la santidad definitiva e indiscutible, donde él, que tantas veces rindiera culto a su Santa Madre, va a ser ahora, a su vez, objeto de culto por los creyentes. Es el premio justo a su fidelidad, es algo que él se ganó al obedecer ciegamente a la Señora y llevar sus designios hasta sus últimas consecuencias, pasando por encima de todos los obstáculos.

El premio prometido, y que tal vez él nunca llegara a soñar, porque se hubiera considerado incapaz de conseguir tanto, de llegar tan lejos, de recibir una recompensa para él tan grande e insospechada. Ahora, desde los cielos donde estará desde aquel día de 1548, cuando dejó de existir, sin duda sonreirá feliz y mirará a los que vengan hasta él con el mismo amor con que entonces miró a las veneradas imágenes de Jesús y de su Madre María.

Y tal vez en ese momento se pregunte, maravillado, cómo aquel indito ignorado y sencillo, humilde y pobre, que él fue en vida, puede llegar a ser objeto de culto para los actuales cristianos de todo el mundo, que sin duda veremos en él un espejo donde nos gustaría mirarnos y, en muchas ocasiones, arrepentirnos de que nuestras ansias de prosperidad, nuestras ambiciones y nuestros sueños se hallen tan sometidos a todo lo material, a lo terrenal, efímero y transitorio, y no sepamos, al menos, tomar ejemplo de ese hombre maravilloso, de ese ser digno de alabanzas que será para siempre jamás San Juan Diego, el santo mexicano, el santo indígena, el santo que él siempre mereció llegar a ser.

* * *

Antonio Valeriano, autor de ese documento único y valiosísimo que ha sido y es el *Nican Mopohua* al que en numerosas ocasiones nos hemos referido inevitablemente en esta obra, puesto que es la fuente de información más rica y caudalosa que puede uno encontrar en relación con la vida y obra de Juan Diego y con el propio milagro del cerro del Tepeyac, fue también un indígena mexica convertido al cristianismo en los mismos tiempos en que vivió el protagonista del milagro guadalupano.

Suponemos que él, si viviera hoy en día, sentiría orgullo y satisfacción de ver a quien fue protagonista de sus crónicas aupado a los altares, primero como beato y luego como santo canonizado por la Iglesia católica. Pero es posible que también sintiera que se había hecho justicia, porque eso era lo que merecía una persona como el nativo que se llamara en su nacimiento Cuauhtlactoatzin, y posteriormente le bautizaran cristianamente como Juan Diego. Ya en los textos del *Nican Mopohua* escritos por Antonio Valeriano se desprende, casi con aromas de santidad, esa naturaleza casi divina del hombre elegido para protagonizar el milagro.

De modo que es probable que su admiración y satisfacción por este hecho de su canonización no encerrase ni un átomo de extrañeza o de sorpresa, puesto que él había revelado ya —e intuido sin duda— los méritos de Juan para llegar a donde ha llegado. Y el obispo fray Juan de Zumárraga, que tanto demostró siendo su valedor y su protector en todo momento, ¿no se maravillaría así mismo de que aquel humilde indígena que tantas veces llamara a su puerta, obstinado y terco, y que incluso cumpliera su mandato de pedirle a la Virgen una señal, fuese ahora nada menos que San Juan Diego?

Evidentemente, ahora lo sabe, allí donde está él. Y debe aplaudir feliz la iniciativa de la Santa Sede al darle a Juan lo que él se merecía. Como lo aplaudirán desde la eternidad todos aquellos que conocieron y amaron al nuevo santo, que sin duda serán muchos.

Tenemos, por ejemplo, a una persona de quien muy pocos se acordarán en estos momentos, y que sin embargo también se relacionó de alguna manera con los hechos de aquel hombre que, sin ser santo, se comportó ya entonces como si lo fuese.

Esa persona es fray Martín de Valencia, superior de los franciscanos enviados al Nuevo Mundo para evangelizar a los nativos, y al que preocupaban, y mucho, todas las cuestiones relacionadas con el apostolado que allí tenía que llevar a cabo en nombre de las autoridades eclesiásticas españolas y del propio emperador Carlos V.

Corría 1540, Juan Diego aún vivía —recordemos que su fallecimiento tuvo lugar en 1548— y estaba dedicado en cuerpo y alma al servicio y devoción de Nuestra Señora de Guadalupe en su entonces humildísima capilla del cerro del Tepeyac.

En esa época, justamente, la labor de los evangelizadores había crecido de pronto como la espuma y, de tropezarse con la indiferencia, el recelo e incluso el rechazo de los indígenas a sus tareas misioneras, se había pasado de repente a una verdadera oleada de nuevos fieles, ávidos todos de abrazar la religión cristiana y de recibir el santo sacramento del bautismo.

Fray Martín de Valencia sabía bien el motivo de ese cambio radical en la acogida del pueblo indio a la nueva fe, y para él tenía un nombre muy concreto: Juan Diego.

Sabía el franciscano que era él la clave de aquella dura labor que ahora le aguardaba día tras día, y que superaba las más optimistas previsiones de los evangelizadores. Las almas buenas que eran en el fondo todos los nativos, habían entendido y aceptado el milagro guadalupano con fe ciega, y eran tantas ahora sus ansias de bautismo y conversión, que lo que antes era una tarea difícil por lo trabajosa y ardua, ahora lo era por todo lo contrario: eran tantos y tantos los que deseaban abrazar la fe de Cristo, que virtualmente no podían dar abasto a su tarea evangelizadora.

Fray Martín contaba con cien franciscanos a sus órdenes para ocuparse de toda su provincia y, aun así, les era imposible atender todas las demandas cotidianas de los indios deseosos de ser bautizados y recibir el nombre cristiano.

El propio religioso lo refiere así en sus escritos, de los que basta extraer unos pocos fragmentos para hacerse una idea de cuál era la situación de aquellos misioneros, gracias a Juan Diego, o por culpa de él, como a veces comentaban entre ellos con dulce ironía, agotados por su tarea diaria:

> «Vienen muchos al bautismo, y no sólo los domingos y días señalados para ello, sino cada día, sea el que sea: niños y adultos, sanos y enfermos, de todas las comarcas. Y cuando los frailes andan visitando, les salen los indios al camino, con los niños en los brazos, con los dolientes a cuestas, y hasta a los viejos decrépitos sacan para que los bauticen.»

En otra parte afirma el franciscano:

> «Bautizados primero los niños, tornan a predicar y a decir a los adultos examinados lo que han de creer y lo que han de rechazar, y lo que han de hacer en el matrimonio, y luego les bautizan.»

Prosigue después, para que se haga el lector de sus notas una idea de la situación:

> «... a muchos, como les negaran el bautismo, era la mayor lástima del mundo ver lo que hacían y cómo lloraban, y cuán desconsolados estaban, e hicieron llorar a muchos españoles que se hallaban presentes, viendo cómo muchos de ellos venían de tres y cuatro jornadas de viaje y era en tiempo de aguas y venían pasando arroyos y ríos con mucho peligro y esfuerzo.»

Más tarde, añade fray Martín:

> «Los sacerdotes que allí se hallaban, visto el dolor de estos indios, bautizaron a los niños y los enfermos y a algunos a quienes era imposible echar de la iglesia, pues decían que en modo alguno se irían y allí se quedarían aunque tuvieran que morir.»

Cierto que era una labor difícil y exhaustiva para los franciscanos, aunque procuraban cumplirla con la alegría de que toda aquella buena gente espontáneamente pedía acogerse a los brazos de Cristo, sin necesidad de ir a convencerles y a predicarles cosa alguna, aunque les era imposible aceptar a todos, puesto que una de sus normas, como la Iglesia les tenía encomendado, era que quien fuese bautizado estuviera debidamente preparado para ello y supiera cuál era el significado auténtico de tan importante sacramento.

Pero no podían por menos de sentirse felices de aquella avalancha de nuevos fieles, ya que nunca, en parte alguna, se había dado un caso igual ni tan siquiera parecido a aquella conversión masiva que estaba teniendo lugar en el Nuevo Mundo.

Fray Martín se vio obligado a llamar a consulta a los franciscanos de hasta veinte conventos, para exponerles los problemas que aquel fenómeno producía y tratar de resolverlos de la mejor manera posible, sin faltar a sus principios, pero procurando complacer y dejar felices al mayor número posible de nuevos fieles.

Sabía bien a las claras que todo aquello tenía su origen y fundamento en las apariciones de la Virgen a Juan Diego en el Tepeyac, y admitía ante todos que el verdadero milagro se estaba produciendo ahora, como resultado de la milagrosa circunstancia. Por tanto, todo se lo debían a Juan y a lo que sus palabras habían despertado en el corazón de aquellas sencillas gentes que eran sus hermanos de raza.

El propio fray Martín era, para muchos de sus propios franciscanos, un hombre con madera de santo por sus grandes virtudes humanas y como sacerdote. Y el propio fray Martín les expuso su punto de vista, que fue, más o menos, expuesto de una forma semejante a la que aquí presentamos:

—Tenemos que obrar con cautela ante esta verdadera «locura» bautismal que nos inunda —les dijo a sus hermanos franciscanos—, pero eso no quiere decir que debamos abandonar a esos pobres indígenas que vienen a nosotros con la ilusión de poder ser bautizados y aceptados en la fe del Señor. Cierto que existen una serie de normas en nuestra Santa Iglesia católica, pero estoy seguro de que en la propia Roma entenderán lo que aquí sucede, y no nos censurarán porque a veces demos un poco de lado algunas de las exigencias de nuestra fe, para aceptar de buen grado la conversión espontánea de todos los que vienen a nosotros clamando tan desesperadamente por ser cristianos.

Y, en efecto, así lo hicieron, tratando en todo momento de evitarles dolorosas decepciones a los que de tan buena fe acudían por millares a ellos en busca del bautismo, y como supusiera fray Martín, en Roma dieron el visto bueno a su decisión, dada la magnitud del fenómeno que se estaba produciendo en el Nuevo Mundo, gracias a la intervención de Juan Diego en las vidas de sus compatriotas.

Fray Martín dejaría constancia más tarde de todo lo que aquello había significado, cuando dijo a los evangelizadores en una reunión de los mismos, con motivo de una felicitación del Papa Pablo III a todos ellos:

> «Que la soberbia no empañe nuestros corazones. Esta conversión de tantas multitudes, como quizá nunca se ha dado en la historia de la Iglesia, no es obra nuestra. Todo el mérito debemos atribuírselo a la Virgen que quiso aparecerse en el Tepeyac, en la tilma pobre de un indio macehual, para traer a toda la nación a los pies de Cristo, único Salvador. A ella, la Virgen, todo el honor y alabanza.»

Como se ve por esas palabras de un hombre como fray Martín de Valencia, todo se centraba, según él, y según cuantos le escucharon y asintieron a sus palabras, en un solo hecho y un solo origen de la magna conversión de todo un país: la Virgen aparecida en el Tepeyac, la tilma humilde de un indio llamado Juan Diego.

Sin esa circunstancia, ¿cuánto hubiera costado convencer a un pueblo entero, de ascendencia azteca, con unos dioses y unas creencias de siglos, de que cambiaran de religión e incluso de nombre? Tal vez siglos enteros también, y tal vez incluso nunca se hubiera logrado evangelizar a la totalidad de la población indígena, llevándola sumisamente a los pies de Cristo.

Visto todo esto, no ya por nuestros ojos, sino por los de la propia Iglesia y por los de sus entonces esforzados soldados de Cristo en la lucha diaria por la conversión de los paganos en un mundo nuevo y desconocido, ¿qué pensar del milagro de Juan Diego?

Lo que hemos comentado antes, en relación con su elevación a los altares y el reconocimiento oficial de su santidad: que difícilmente un hombre que «no existió» hubiera convencido a toda una nación india a convertirse al cristianismo por propia voluntad. Si ellos se convirtieron, es porque ellos *conocían* a Juan Diego. Y si le conocían, es porque *existía*, era un ser humano como ellos, un indio al que todos podían ver y al que, incluso, tal vez muchos conocían personalmente o de oídas, cuando no tuviesen algún parentesco o lazo de amistad o vecindad con él.

El milagro fue la conversión de todo México al cristianismo. Ése fue el verdadero milagro, a fin de cuentas. Así lo quiso la Virgen.

Y fue Ella quien eligió a su heraldo entre los hombres del Nuevo Mundo.

Fue Ella quien eligió a Juan Diego.

Por tanto, bien merecido ha tenido Juan Diego su sitio en los altares, se diga lo que se diga.

Ahora, sí.

Ahora, desde aquel mes de Julio del año 2002 en que Su Santidad, Juan Pablo II, volvio a Ciudad de México para su canonización, es ya, para siempre, San Juan Diego.

Capítulo XIV

— Especulaciones y teorías —

D EJEMOS por unos momentos al margen los hechos de aquel año de 1531 y sus posteriores consecuencias, tan decisivas para México y su población autóctona. Regresemos en el tiempo, hacia el pasado, nuevamente, hacia los tiempos anteriores al milagro del Tepeyac.

Y vamos a hacerlo por una sencilla razón: es tal vez conveniente o, al menos curioso, analizar toda una serie de especulaciones y de teorías que se han sostenido en fechas muy posteriores, sobre lo que pudo ser el México anterior no sólo a Cortés y a sus conquistadores, sino el México anterior a la llegada de la fe cristiana.

Hay investigadores que, rizando el rizo de la imaginación o, ¿por qué no?, buscando paralelismos entre la fe azteca y la cristiana, tratan de llegar a conclusiones cuando menos audaces, si no temerarias o puramente imaginativas. Cierto que todas las religiones del mundo poseen, en el fondo, puntos de coincidencia que a veces resultan incluso sorprendentes.

Son varias las creencias en que se coincide en que existió un diluvio universal. Son muchas las religiones que nos hablan de una tierra prometida y de un Dios que guió a un determinado pueblo hasta el lugar donde habían de asentarse. En casi todas las formas de fe del mundo se bendice y santifica a una Madre, sea la Madre

Tierra, sea la Virgen María, sea una diosa pagana que protege a sus hijos de todos los males.

No es, por tanto, extraño, que ciertos teóricos lleguen a especular con un nexo común a todas las religiones, que podría estar en el propio origen del hombre y en su conexión original con un Dios Creador, llámese como se le llame. A fin de cuentas, ¿quién es el Alá de los musulmanes, el Jehová o Yavéh de los judíos, sino el Dios de los cristianos? Un solo Dios, dicen todas las religiones. No hablamos del budismo, porque no es una religión, sino una filosofía, que se basa en la no existencia de dios alguno, y que solamente se inspira en nuestro propio Yo.

Para los aztecas, Dios era la propia Creación y todas sus maravillas, y los demás dioses, solamente los servidores de ese universo. Para ellos, había también una Madre, la Madre Tierra, siempre fecunda y llena de hermosura, protectora de los hombres y donante de todos los alimentos y cosas necesarias para su pueblo. Para ellos, todo lo que tiene vida forma parte de ese Dios Creador. Es la idea exacta que muchos exégetas de hoy tienen de la palabra o concepto de «Dios».

Pero la búsqueda de similitudes entre religiones llega a veces mucho más lejos. Existió un fraile, fundador de la ciudad de Puebla, fray Toribio de Benavente, al que se le conocía con el apodo de «Motolinía», o «corazón pobre». Fue el primer historiador de los indios de México.

En esa historia suya, describe en cierto momento lo siguiente:

> «... hubo un hijo del Dios Creador que se llamó Quetzalcóatl. Salió éste hombre honesto y templado. Comenzó a hacer penitencia de ayuno y disciplina y a predicar, según se dice, la ley natural.»

Y añade:

> «Este Quetzalcóatl dicen que comenzó el sacrificio y a sacar sangre de las orejas y de la lengua, no por servir al demonio, según se cree, más por penitencia contra el vicio de la len-

gua y el oído. Después, el demonio aplicó todo esto a su culto y servicio.»

Otro escrito, éste de Bernal Díaz del Castillo, cuenta que vio algo sorprendente y, como mínimo inexplicable, en Campeche, y no estaba solo al verlo, sino que da fe de ello quien entonces le acompañaba, Juan de Grijalva:

«... tenían figurados en la pared serpientes y culebras y otras pinturas de ídolos (los indios aztecas), y a otra parte de los ídolos tenían unas señales como a manera de *cruces,* pintados de otros bultos de indios, de todo lo cual nos admiramos, como cosa nunca vista ni oída».

Por si fuera poco, añadamos a esa experiencia la de un franciscano, López Cogolludo, quien afirma en un escrito de la época:

«Se halló en este reino de Yucatán que nuestros españoles, cuando en él entraron, hallaron cruces, y en especial una de piedra, revelada en ella *una imagen de Cristo* crucificado, la cual está en nuestro convento de Mérida, y a quien veneraban los indios.»

¿Explicación a estos hechos? Difícil de hallar, evidentemente, pese a que testimonios parecidos fueron multiplicándose por momentos, y vamos a ver algunos de esos otros casos a continuación, para tratar de explicarnos si estamos solamente ante meras especulaciones o ante cosas que no tienen ninguna explicación, o la que tienen escapa a nuestra lógica.

Por si nos cabe alguna duda sobre lo extraño e incomprensible de determinados hechos de esa época, tenemos el hecho poco o nada coherente con la realidad que creemos conocer, que el dios azteca Quetzalcóatl luce en su manto la cruz de San Andrés o algo demasiado parecido.

Fray Bernardino de Sahagún, por su parte, nos refiere que «había oído decir que, en Campeche o en Champotón, los misioneros que allí fueron destinados para su labor evangelizadora, se encontraron con la gran sorpresa de hallar demasiadas cosas que se relacionaban con el Evangelio y con la fe católica», a lo que añade en otro punto el hecho asombroso de que «en Oaxaca fueron halladas unas antiquísimas pinturas hechas en pellejos de venados, en una de las cuales se veía a un hombre desnudo, tendido de pies y manos sobre una cruz con unos cordeles, que recordaban en demasía la propia crucifixión de Cristo, cosa inexplicable, a menos que alguien ya se lo hubiera predicado *antes* de la llegada de los españoles.

Por su parte, un dominico de nombre Durán, contemporáneo de los primeros evangelizadores, afirma que le fue informado el hallazgo de «un cuero curtido, muy antiguo, en el que se hallaban figurados casi todos los misterios de la fe cristiana, más o menos exactos». Si a esto le añadimos la existencia de otros signos de la tradición judeo-cristiana en documentos, narraciones e incluso en algunos ídolos de los indígenas de entonces, ¿qué podemos pensar de todo ello?

Ciertamente, todo sigue siendo simples elucubraciones, basadas en aspectos casuales —o que *parecen* casuales— de determinados puntos de la religión azteca donde parece existir una analogía o influencia, nada explicable, de aquella antigua religión india con la que luego había de llegar desde la lejana España.

Todo ello ha venido en exponer una serie de hipótesis y teorías sobre la posibilidad de que ya antes de la llegada de los españoles *alguien* hubiese informado a los aztecas sobre la lejana fe cristiana, hasta el punto de influir de alguna manera en sus propias creencias, adaptándolas a su propia mentalidad.

¿Podría explicar esa hipotética revelación anterior el hecho, siempre desconcertante para muchos, de que el pueblo indio aceptase de pronto, y tan ciegamente, los postulados de la fe católica, habiendo tenido, como tenían, una religión que en apariencia nada tenía que ver con la de los que llegaban del otro lado del mar?

Esto nos hace volver a la figura de Quetzalcóatl, el dios azteca que significa «serpiente emplumada», y que es considerado deidad del viento y de la civilización, y a quien se describía como un gigante de piel blanca y larga barba. Observen bien este último detalle, fidedigna expresión de la fe azteca: «gigante de piel blanca y larga barba».

Es una extraña descripción para un pueblo como el azteca, de piel oscura y más bien baja estatura, desprovistos de barba siempre. Dicen que por ello confundieron a los españoles como encarnación o representación de ese mismo Dios, al ser blancos y lucir barba, lo que induciría a Moctezuma a acogerles con tanto beneplácito y confianza, hasta causar su perdición y la de su pueblo.

¿Por qué precisamente Quetzalcóatl es descrito así por los propios aztecas? Se dice en su religión que este dios fue quien les enseñó a roturar la tierra, medir el tiempo y pulir el jade, y que, engañado por otro dios (Tezcatilpoca), «abandonó la tierra y surcó el mar sobre una balsa de serpientes».

¿Era en realidad Quetzalcóatl un extranjero que llegó a ellos, les impartió sus enseñanzas y luego se marchó de nuevo a las lejanas tierras de donde llegara, en lo que podía ser una balsa o bien un navío de su época, con alguna serpiente o cosa parecida como mascarón de proa de la nave?

Dijo algo también significativo —siempre según la fe azteca— en el momento de marcharse de allí:

—Volveré desde Oriente para reinar de modo definitivo sobre el país de los mexicas.

Enigmática despedida, que si bien explica los miedos supersticiosos de Moctezuma, pensando que era ese dios el que volvía, en forma de visitante español, también da pie a pensar en una teoría aparentemente disparatada, que sugiere la posibilidad de que el llamado Quetzalcóatl de los aztecas no fuese otro que un apóstol de Cristo, llegado al Nuevo Mundo de alguna manera que ignoramos, concretamente, según algunos, el apóstol Santo Tomás.

Un historiador, J. Lafaye, precisamente un buen conocedor del mundo, el mito y la devoción por Quetzalcóatl, es uno de los que sostienen esta teoría, considerada peregrina por algunos y nada descabellada por otros.

Según los primeros, se trata de una simple especulación sin base real alguna. Según los segundos, entra dentro de lo factible, ya que entonces se entenderían mejor muchas otras cosas, entre ellas la predisposición del pueblo indígena mexicano a acoger de forma entusiástica la fe cristiana. Lafaye escribe al respecto:

> «Si Quetzalcóatl era realmente Santo Tomás, el apóstol de Jesús de Nazareth, tendríamos que todas las analogías de creencias y del ritual del antiguo México con el cristianismo no eran simples casualidades ni coincidencias, sino que derivarían de una más pretérita evangelización de América y la degradación posterior de esas doctrinas.»

Podemos volver al dominico Durán, quien estudiando la figura de Quetzalcóatl no la ve tan mítica como se dice, sino que corresponde a un ser absolutamente real, de quien se puede decir, según él, que «era una persona muy venerable y religiosa a quien ellos honraban como a una persona santa. Era hombre abstinente y muy penitente, que tenía por ejercicio levantar altares y oratorios, y raras veces se dejaba ver, porque se encerraba en una celda a orar. Existen datos que permiten verle como un hombre que colocaba imágenes piadosas en paredes o altares, y se hincaba ante ellas de rodillas a venerarlas, besando luego el suelo que pisaba».

Podría ser ésta muy bien la descripción de cualquier santo misionero de la Iglesia católica. Por añadidura, tenemos alusiones de fray Bartolomé de las Casas al respecto:

> «Quetzalcóatl era hombre blanco, crecido de cuerpo, ancha la frente, los ojos grandes, los cabellos largos y negros, la barba grande y redonda.»

¿Es esto en modo alguno la descripción de un azteca o la que podría corresponder a uno cualquiera de sus dioses? Absolutamente no. A través de ella, vemos o podemos ver a un hombre de otras tierras, que perfectamente podía ser un apóstol misionero. ¿Santo Tomás? Es también posible.

Pensemos que esto sucedería en el siglo I de la Era Cristiana, y que pasarían milenio y medio casi hasta el momento de la llegada de los españoles y el supuesto «regreso» de aquella misma fe al pueblo indígena. Fuese Santo Tomás o cualquier otro apóstol, también se cumpliría una de las frases de Jesús a sus discípulos:

—Id por todo el mundo y enseñad a todas las gentes.

En los ritos indios, no sólo de México sino de otros países americanos, entraban también ritos totalmente cristianos, como la circuncisión, el ayuno o la confesión, por no hablar de la creencia en un Dios único, el Creador; en el Diluvio, en los símbolos en forma de cruz que hay en sus templos y en sus códices.

¿Era una forma de cristianismo? Evidentemente, no. Si alguna vez llegaron a conocer esa fe, se había degradado tanto que no resultaba reconocible, salvo por esos signos aislados que mencionamos y que los especialistas han estudiado exhaustivamente.

Es evidente que todo no deja de ser puras especulaciones y teorías, como hemos dicho al principio, y que tal vez nunca lleguemos a saber qué sucedió realmente, y si algún discípulo de Jesús logró llevar directamente la palabra de su Maestro hasta los lejanos países americanos.

Para la época, es difícil imaginar viajes tan prolongados, a través de un mar que durante siglos sería considerado una especie de barrera tenebrosa entre el mundo habitado y los abismos universales, pero del mismo modo que pudieron llegar a América pueblos asiáticos o navegantes vikingos, ¿por qué no pudo llegar un apóstol, fuese Santo Tomás o cualquier otro, a difundir allí las enseñanzas de su divino Maestro?

La posibilidad existe, no se trata de ninguna quimera imposible. Y si existe, conviene tenerla en cuenta, y más cuando personas entendidas en el tema se definen como defensores, al menos, de su posibilidad real.

Eso, de todos modos, sigue perteneciendo al mundo de lo hipotético e indemostrable —al menos de momento—, pero da la impresión de que algún nexo remoto parece existir entre las creencias de los aztecas y las de la fe cristiana, si no en la forma, sí en el fondo. Otra cosa es que, como hemos apuntado, la progresiva degradación de esas creencias, a lo largo de siglos sin ningún otro contacto con quienes pudieran reavivar la palabra de Cristo ante ellos, les hiciera desviarse hacia nuevas formas de idolatría y de creencia en mitologías distintas.

Hubiera bastado entonces con una nueva chispa que encendiera esa fe antigua, escondida durante siglos y siglos en la mente colectiva de un pueblo, para que algo de lo olvidado reviviese con fuerza en su instinto, atrayéndoles hacia algo que había sido ya intrínsecamente suyo tiempo atrás.

La nueva chispa en modo alguno podía ser la obligación que los conquistadores pretendían ejercer sobre el pueblo nativo, imponiéndoles sus creencias. Es obvio que a nadie se le convence por la fuerza, y que no es el miedo, sino la razón, la que puede cambiar el modo de sentir de la gente.

Por tanto, esa chispa luminosa nunca fue la voz de los misioneros, en ocasiones aún más autoritarios y violentos que los propios soldados, sino un suceso concreto, un hecho que iba a hacer más por la fe cristiana que todos los esfuerzos airados de evangelizadores demasiado exigentes o de religiosos excesivamente crueles e intolerantes.

La chispa brotó un día imprevisto, en la cima de un cerro, el del Tepeyac, con la aparición de la Virgen a uno de los habitantes de aquel pueblo dominado y humillado tanto por militares como por clérigos.

Fue el amor, no la fuerza ni la obligación, el que enseñó la gran lección a los indígenas rebeldes a someterse. Entonces sí comprendieron y aceptaron. Tal vez porque *aquello,* el suceso divino del Tepeyac, encajaba mejor con lo que difundiera la voz remota de un evangelista o de un apóstol, y que casi se había diluido en la noche de los tiempos, pero no del todo en sus almas. La aparición, la voz, la palabra de la Virgen, estaba más cerca de la palabra de Cristo que todas las presiones, las amenazas y exigencias de sus dominadores.

Y entonces sí creyeron. Entonces sí, tal vez, *volvieron* a creer, eso ¿quién lo sabe?

Es un misterio más que nunca tendrá respuesta, pero, fuese como fuese, lo cierto es que la nueva fe se expandió en ese momento con la fuerza de lo incontenible, como un alud de pura luz celestial, como un fenómeno asombroso de credo colectivo.

¿Reaccionaron así los indígenas mexicanos porque ese hecho despertó en ellos remotos recuerdos de otra voz divina que les hablara de lo mismo? ¿O fue un espontáneo estallido de fe cristiana que alcanzó a todos sin excepción?

Sea cual sea la respuesta, el milagro fue cierto, sin duda alguna. Nada puede cambiar la importancia real de las apariciones marianas en el Tepeyac, ni el papel decisivo de Juan Diego en todo el hecho milagroso.

Y eso es lo que cuenta.

Capítulo XV

— Oraciones guadalupanas —

E L modo que tenemos de hablar a Dios es siempre la oración. Por medio de ella, exponemos al Señor nuestras cuitas, pedimos perdón por nuestros pecados o solicitamos de Él una gracia. La oración es, pues, nuestra forma de dialogar con el Creador.

Pero también con su Hijo, Jesucristo, y con la madre de Jesús, la Virgen. Podemos también orar a otras divinidades, a los santos de nuestra devoción. Y en ocasiones esos rezos callados, recogidos, que brotan de nuestra alma, pero no necesariamente de nuestros labios, pueden convertirse en auténticos cánticos que glorifiquen a Dios y a los cielos.

De igual modo glorificamos a la Virgen de Guadalupe, sea por medio de la callada oración o a través de cánticos que reflejen el fervor del creyente.

Ya hemos hablado con anterioridad de esa serie de estrofas que, con la música de «Las mañanitas», se elevan al cielo desde las gargantas de los fieles durante las solemnes ceremonias de celebración del día instituido como dedicación a Nuestra Señora de Guadalupe. Esas letras, de las que es autor el reverendo padre Carlos María de Heredia, S. J., son todas ellas como breves oraciones ligadas por una música popular. Es un canto a la Virgen, ciertamente, pero no el único que existe, ni mucho menos.

Hay una cantidad infinita de oraciones, cantos, alabanzas e himnos dedicados a la Virgen morena del Tepeyac, y sería tarea interminable recogerlos todos en un resumen, pero bien podemos incluir en esta obra algunas de esas oraciones y cantos, para que se vea con claridad la devoción encendida que provoca la guadalupana, y la fe con que el pueblo llano y sencillo eleva sus preces a la Señora, ya de un modo, ya de otro.

En todos ellos domina el gran fervor mariano del pueblo de México hacia su excelsa Patrona, Emperatriz de América, y en todos se puede advertir el candor y la ingenuidad propia del pueblo que dedica tales honras a su Virgencita adorada. La simplicidad de los sentimientos, la sencillez de la propia creencia, es el camino más limpio y puro de llegar hasta la Virgen, como lo es para llegar hasta Cristo crucificado o hacia Dios, el Creador de todas las cosas.

Ya en los años 40, una canción mexicana se hizo famosa en todo el mundo de habla hispana, incluso a nivel comercial, la cual era cantada por un conjunto mexicano también muy famoso dentro y fuera de su país: el «Trío Calaveras».

Miguel, Raúl y Pepe eran los tres componentes originales del famoso trío, que luego irían siendo sustituidos por algunos otros miembros nuevos, a medida del paso inexorable del tiempo. El autor de este libro tuvo el honor de conocer personalmente a Miguel, a Raúl y a Pepe, y de ser su amigo. Ellos, como todos los mexicanos, adoraban a su Virgen de Guadalupe. Y ellos le cantaron aquella canción inolvidable que, como una oración sentida y emocionada, llegó a todos los pueblos de habla española, en alas de la fama, ayudando a difundir un poco más la fe guadalupana.

Se llamaba así, precisamente, la canción: «Virgen Guadalupana». Y su letra ha quedado imborrable en el corazón del que esto escribe, como en el de tantos otros que la escucharon en su día de aquel hermoso trío de voces:

> *«Postrados ante tus plantas,*
> *cual hiciera el indio Juan Diego,*
> *venimos, oh, Virgen Santa,*
> *a alzar ante ti nuestros ruegos.*
> *Traemos dentro del pecho*

> *bien henchido el corazón,*
> *para darte a ti las gracias,*
> *gracias por tu bendición.*
> *Virgen Guadalupana,*
> *deja llorar de emoción,*
> *pues ya mi madre está sana*
> *gracias a tu bendición.*
> *Patroncita mexicana,*
> *hoy traigo otra petición,*
> *haz que mi Patria esté salva*
> *de la maligna ambición.»*

Así decía la letra de la canción mexicana cantada por aquel trío inolvidable de buenos cantantes y buenos mexicanos, creyentes de su Virgencita de Guadalupe. Sé que alguno de ellos tres está ahora muy cerca de la Señora, que sin duda habrá tenido en cuenta la fe con que ellos le cantaron entonces. Así sea.

Otra conocidísima oración, canción también, es aquella que se denomina «Buenos días, Paloma Blanca», de largo texto, algunas de cuyas estrofas tienen particular emoción y encanto:

> *«Buenos días, Paloma Blanca,*
> *hoy te vengo a saludar,*
> *admirando tu belleza*
> *en tu reino celestial.*
> *Eres madre del Creador*
> *que a mi corazón encanta,*
> *gracias te doy con amor;*
> *buenos días, Paloma Blanca.»*

Siguen una serie de letrillas siempre alusivas a la Paloma Blanca que es la Virgen para su fiel creyente, para terminar finalmente con una estrofa parecida:

> *«Los ángeles en el cielo,*
> *Madre de Dios sacrosanta,*
> *todos por siempre te digan:*
> *Buenos días, Paloma Blanca.»*

En la larga composición de «Alabanzas a María Santísima de Guadalupe», las estrofas suelen cantarse por una voz solista, acompañada por el coro, que se ocupa de cantar el estribillo. Como su longitud es muy considerable, limitémonos aquí, a título de ejemplo, a reproducir unas pocas estrofas, así como el estribillo del que se ocupan las voces corales.

Dice así:

Coro:
«Venid, venid todos.
Venid y adoremos
a la Guadalupana
que vino a este Reino.»

Algunas de sus estrofas rezan de este modo:

Estrofas:
«Éste es el milagro
que allá vio en el cielo
el evangelista
y ahora todos vemos:
un prodigio grande,
un retrato bello,
a quienes visten todos
los astros del cielo.»

Sigue la canción durante diversas estrofas, hasta llegar a algunas que aluden directamente a quien aquí estamos biografiando y estudiando, a nuestro indio Juan Diego.

Son dos estrofas diferentes, la primera de las cuales reza de esta manera:

«Quién tanto se humilló
por nuestro remedio,
siendo de Dios Madre
al indio Juan Diego.»

La segunda estrofa alusiva dice:

> *«Cumple la palabra*
> *que diste a Juan Diego,*
> *de ser nuestra Madre*
> *y el amparo nuestro.»*

Como hemos dicho antes, incluso se le han dedicado himnos de encendido fervor mariano, el más conocido de los cuales es, sin duda, el «Himno a la Virgen de Guadalupe», también con amplio texto dividido en estrofas, y en el que no puede faltar la obligada referencia a quien fue testigo de sus apariciones en el Tepeyac.

Veamos algunas de esas estrofas. La primera dice:

> *«Mexicanos, volad presurosos*
> *del pendón de la Virgen en pos,*
> *y de la lucha saldréis victoriosos,*
> *defendiendo a la Patria y a Dios.»*

Sigamos algunas de sus estrofas aisladamente, sin conservar el orden total establecido en el himno, para ver sus más importantes significaciones:

> *«De la santa montaña en la cumbre,*
> *apareció como un astro María,*
> *ahuyentando con plácida lumbre*
> *las tinieblas de la idolatría.»*

> *«Es patrona del indio, su manto*
> *al Anáhuac protege y da gloria;*
> *elevad, mexicanos, el canto*
> *de alabanzas y eterna victoria.»*

> *«Tú al humilde Juan Diego le ofreces*
> *protegerle cual madre clemente*

y de prueba de amor tan vehemente
una imagen tu mano nos dio.»

Sería inacabable, como hemos dicho, aludir a todos los cánticos de alabanza a la Virgen guadalupana, ya sea en forma de oraciones, cánticos, himnos o cualquier otro modo de expresar fervorosamente el amor a María, aparecida en el Tepeyac a Juan Diego.

Pero tal vez sea obligado aludir a una oración o cántico que resume y reproduce todas y cada una de las apariciones en el cerro, y que precisamente lleva por nombre: «Las cuatro apariciones de la Virgen de Guadalupe».

También resultaría prolijo reproducir aquí todas sus estrofas, pues es composición bastante amplia de dimensiones, por lo que vamos solamente a dejar constancia de unas pocas estrofas, todas ellas alusivas a la persona de Juan Diego, de uno u otro modo.

Son estrofas salteadas del conjunto total de la obra, y hemos escogido las que aquí se exponen:

«Ah, qué linda y hermosa mañana,
ya las avecillas comienzan a gorjear
ensalzando a la Guadalupana
que está colocada allá en el Tepeyac.»

«A un indito llamado Juan Diego
por cuatro ocasiones se le apareció,
y al oír voces bajadas del cielo,
el naturalito, pues se acobardó.»

«Fue Juan Diego y le dijo al obispo:
Mira padrecito, te vengo a avisar
que la Madre del Rey de los Cielos
desea un templo en el Tepeyac.»

«El obispo no creyó a Juan Diego,
juzgó sus palabras fuera de razón,
exigióle una seña luego,
si le enviaba la Madre de Dios.»

«Y al llevar estas flores Juan Diego,
el señor obispo admirado quedó,
luego al ver a la Reina del Cielo
rindió su corona y se arrodilló.»

La composición termina con una última estrofa:

«En la tilma quedó dibujada
la imagen amada, la Madre de Dios,
y desde entonces la Guadalupana
fue la Reina indiana de toda la nación.»

Este cántico, oración, himno o como se le quiera denominar, suele también cantarse en el día de la Virgen de Guadalupe, con las tradicionales «mañanitas», por lo que forma parte de la liturgia popular en torno a Nuestra Señora de Guadalupe, ya que describe, paso a paso, todo el proceso del milagro, desde que se produce la primera de las apariciones hasta el resultado final de las mismas, con la impresión de la imagen divina en la tilma del indio Juan Diego.

Como hemos visto, la adoración del pueblo mexicano a la Santa Patrona de su pueblo no conoce límites, ya que su amor por ella es infinito, tan infinito como es el propio amor de la Virgen hacia los mexicanos, a quienes acogió bajo su manto protector, a través de la intercesión del indito elegido para protagonizar el milagroso hecho.

Especialmente, es el pueblo indígena quien ha hecho suya a su guadalupana, ya que las señales parecen claras en ese sentido: la imagen de la tilma es la de una Virgen morenita, porque así lo eligió ella, sin duda. Y sus apariciones fueron, precisamente, a un hombre de raza india, como señal ostensible que señalaba cuál era su pueblo elegido, aquel que más sufría y al que peor se le trataba.

El pueblo indio era el verdadero habitante, el nativo de las tierras mexicanas donde ella quiso aparecer, y no los hombres blancos españoles, que eran simplemente invasores y conquistadores de aquellas tierras.

Por tanto, india es la efigie de la Virgen, porque indio es el pueblo que la Señora eligió para proteger y a quien dar la dádiva suprema de su amor divino.

Todo eso queda bien claro en casi todos los himnos, cánticos, o en las oraciones que el pueblo dirige a su Santa Patrona, porque ese gran pueblo mexicano ha entendido muy bien el divino mensaje recibido allá en el Tepeyac, hace más de cuatrocientos años.

Capítulo XVI

— A modo de resumen —

No es tarea sencilla resumir en unas pocas líneas todo cuanto hemos ido narrando hasta ahora, en torno a la figura de Juan Diego, el hombre sencillo a quien se eligió en las Alturas para ser quien ahora es.

Sabemos que fue un hombre valeroso y decidido, aunque temeroso de Dios, rebelde contra los ritos sangrientos y los sacrificios humanos que él, en su bondad, no podía creer que agradasen a Dios. Y por todo ello, inclinado, tal vez inconscientemente, hacia una forma de fe que no se inspirase en el temor, sino en el amor, que no necesitara de ofrendas humanas, de vidas sacrificadas, sino de ofrendas del corazón y de placeres sacrificados, en aras de una creencia en un Dios único y bondadoso, comprensivo y tierno, aquel Dios que un día descubriría que había sido sacrificado por salvarle a él y a todos los demás humanos, siendo puesto en la Cruz por sus verdugos.

Cuando Juan Diego conoció a ese Dios que su corazón y su alma intuían, supo que había hallado la verdadera fe de su vida. Pero para encontrarse con su Salvador, tuvo antes que pasar por la deslumbrante experiencia de verse ante la propia Madre de ese Hombre y Dios, que se le presentaba a él, pobre indígena anónimo, para anunciarle la buena nueva de que deseaba ser venerada por los nativos mexicanos, y que entre ellos deseaba tener su lugar de culto.

Era, a no dudar, un modo sorprendente y único de llegar hasta Dios, de conocer a Aquel que se sacrificara por todos, y de comprender su Palabra. Le estuvo reservado a Juan Diego, y hemos de admirarnos de ello, si realmente creemos en la existencia del milagro.

Ya hemos visto que muchos son los que no creen, y precisamente no se trata de gentes ignorantes o de escasas luces, sino de personalidades tanto laicas como religiosas, que oponen determinados argumentos a la existencia del tal milagro. Es por ello que el proceso de beatificación de Juan Diego ha estado siempre tan rodeado de polémica, y que el proceso de canonización aún lo estuvo más.

Sus puntos de vista son tan respetables como los que se declaran defensores acérrimos de la existencia del hecho milagroso y de la existencia del propio Juan Diego, y repetimos que en ningún momento ha sido ni es nuestra intención pontificar aquí sobre una u otra postura.

Sencillamente, hemos esgrimido los argumentos en pro o en contra de los hechos, apelando incluso a opiniones científicas y de personas no creyentes o ateas, así como de los criterios de exégetas por un lado y de creyentes convencidos por otro, tratando de equilibrar los argumentos de una y otra parte.

Hemos señalado que, en ocasiones, da la impresión de que los factores afirmativos del milagro parecen ofrecer mayor contundencia, y que si los científicos aceptan que la imagen de la tilma no corresponde a pincel ni a mano humana alguna, y algunos testigos de la época aportan datos que confirman la existencia de un indio llamado Juan Diego, parece ser que se desmorona la tesis de que él no existiera o de que la tilma encierre un asombroso fraude, imposible de detectar incluso por los métodos más modernos de investigación.

Solamente por ello, nos hemos decantado en ocasiones, al hacer balance de unas y otras opiniones, por la posibilidad —sólo la *posibilidad*— de que el hecho narrado sea cierto.

Ya sabemos que en esto de la fe no se puede nunca afirmar nada y menos aún probarlo de forma incontrovertible, porque la fe ya no sería fe, sino convicción material y, por tanto, sobraría la propia fe para creer en ello.

No necesitamos de fe alguna para admitir que existen las estrellas, o que el día sucede a la noche y viceversa, porque lo estamos viendo día a día, jornada a jornada, y por tanto no es ningún artículo de fe aceptar todas esas cosas como son. Pero si se nos afirma algo que no tenemos posibilidad humana de *ver* con nuestros propios ojos, necesariamente hemos de recurrir a la fe para aceptarlo como cierto.

Dios tal vez lo haya querido siempre así, de ahí que todo cuanto se nos narre en el Antiguo Testamento o en los Evangelios del Nuevo Testamento, debamos creerlo porque está allí escrito y nuestra fe es la que nos dice que la Biblia es Palabra de Dios. No será nunca fácil que se nos demuestre nada, porque entonces ese algo deja de necesitar de nuestra fe para creerlo, y es posible que la voluntad de Dios sea la de que vivamos en esa duda eterna, para que los que crean lo hagan por propia voluntad, sin necesidad de ver.

Se dice que los astronautas han visto «algo» en el monte Ararat. Algo que podrían ser los restos del Arca de Noé. Se dice que ciertas ruinas halladas son las de Sodoma y Gomorra. Si todo eso se confirma sin lugar a dudas, si se hallan los restos del Arca o se prueba científicamente, sin lugar a dudas, que esas ruinas son las de Sodoma y Gomorra, algo de la Biblia va a empezar a demostrarse como realidad palpable.

Por tanto, permítasenos dudar de que todo ello se demuestre algún día de forma tan rotunda. No parecen ser ésos, precisamente, los caminos que el Señor dispone para que el hombre crea en Él y en su Palabra.

Por tanto, debemos seguir limitándonos a creer, sin más. O a no creer, si elegimos esta última opción, porque somos libres de escoger entre la fe y la incredulidad. Tan respetable es una actitud como la otra, y con ello nadie molesta a nadie, mientras no intente imponer sus convicciones por la fuerza.

De ahí, quizá, que el pueblo indígena mexicano tardase cierto tiempo en aceptar la nueva religión. Ya hemos dicho que muchos de los evangelizadores españoles eran más duros y autoritarios que los propios soldados conquistadores, y sus ideas, todavía más intolerantes en cuanto a las creencias primitivas de los pueblos indios mexicas. De ese modo no era posible inculcar una verdadera fe cristiana a los no creyentes, porque la fuerza no es nunca el camino.

Uno de los más grandes misioneros que ha dado la historia de la Iglesia, San Francisco Javier, a quien José María Pemán calificaría en su drama teatral como «El Divino Impaciente», nunca ejerció la evangelización de los lejanos pueblos mediante la imposición de su fe, pese a ser hombre avezado, enérgico y resuelto, que no se acobardaba ante nada, ni siquiera ante las enfermedades o ante la hostilidad de los pueblos paganos.

Por contra, evangelizó muchos rincones del mundo mediante su poder de persuasión, su resignación cristiana y su amor a los demás, siendo ejemplo de lo que debe ser un misionero. De ese cariz, no hubo demasiados en los primeros tiempos de la conquista en tierras mexicanas, por desgracia para los propios indígenas y también para la difusión de la fe en Cristo, que era su misión propagar.

Hizo falta que llegasen otros evangelizadores mucho más comprensivos, inteligentes y tolerantes, para que cambiase el modo de ser y de sentir de los indígenas. Pero, sobre todo, fue necesario, absolutamente necesario, que para la evangelización de todas aquellas tierras sucediese algo distinto, algo sobrenatural, que abriera los ojos a los que aún creían en la religión azteca.

Fue necesaria la aparición de la Virgen en el Tepeyac. Y fue imprescindible para ello la presencia y mediación de un hombre, de un miembro de su raza y de su pueblo, el bueno de Juan Diego, para que todo cambiase radicalmente.

De ahí que a los escépticos e incrédulos les resulta tan difícil aceptar los hechos. Los encuentran demasiado «casuales», demasiado «oportunos» para la labor de evangelización, como para creer que fuese un acontecimiento de carácter divino.

Visto desde un prisma totalmente racionalista, es posible que tengan razón y abriguen motivos para dudar e incluso para negar, pero ese mismo argumento es un arma de dos filos, porque precisamente los hechos desencadenan la evangelización masiva de todo el pueblo nativo mexicano, como un hecho portentoso e imprevisible. Parece difícil aceptar la existencia de un plan preconcebido para fingir un milagro que no existe y, de este modo, convencer al pueblo indio de que debe abrazar el cristianismo.

El transcurso de los acontecimientos revela un algo especial, incluso una resistencia por parte de miembros de la Iglesia —el propio obispo fray Juan de Zumárraga empieza no creyendo y poniendo numerosas objeciones a los propósitos de Juan Diego, como para suponer que todo sea un montaje de los religiosos para extender sus creencias entre los naturales de México—, lo que no hace factible la teoría de que todo se haya instrumentalizado para que el milagro sea fraudulento, encaminado a inclinar la voluntad de los indios no conversos.

Es un argumento demasiado retorcido, y que además no se apoya en prueba alguna, mientras que las pruebas de la existencia del milagro como tal ya hemos visto en numerosas ocasiones que pueden tener un carácter decisivo, sobre todo a la luz de las modernas investigaciones.

Resulta muy difícil engañar hoy en día a las técnicas digitalizadas y a los complejos ordenadores actuales, y presentar una prueba como la tilma de Juan Diego que resista todos los análisis victoriosamente. Si hubiese habido fraude en aquellos hechos, se hubiese desvelado ahora sin remedio.

¿Cómo iban a imaginar siquiera los religiosos de entonces que era necesaria una pintura especial, sin bocetos previos, sin pinceladas siquiera, es decir, una verdadera obra maestra, que por añadidura no parece obra del hombre ni tan siquiera a ojos de la ciencia del siglo XX y XXI? ¿Cómo podían pensar en aquellos tiempos unos hombres, por inteligentes y cultos que fuesen, que andando el tiempo existirían análisis mediante infrarrojos y estudios computerizados de una humilde tilma de un indio que afirmaba haber visto a la Virgen, y que por tanto esta imagen tenía que ser algo tan perfecto como para resistir todos esos análisis y estudios?

Además, pinceladas hubiese habido siempre en un cuadro pintado por algún ser humano. Y boceto original, posiblemente también, aunque eso no sea ya tan seguro. Hay que situarse en la época en que la tilma fue impresa, para comprender que una prueba tan perfecta ni siquiera hoy es posible, pues las máquinas demostrarían, sin lugar a dudas, que era una pintura mediante alguna nueva técnica, o una fotografía especial.

Todo eso es lo que más pesa en uno de los platillos de la balanza, el de la fe en creer que todo fue cierto.

Es sólo una opinión, claro. Como afirmar que Juan Diego existió realmente, cuestión sobre la que parece haber ya muy pocas dudas.

Y si él existió, si la imagen de la tilma es como es, ¿por qué no pensar que todo lo demás es tal como se afirmó en su día por boca de Juan Diego y del obispo Zumárraga?

¿Por qué no?

Conclusión

H EMOS llegado al final de nuestro recorrido. Hemos conocido el nacimiento de un indio mexica llamado inicialmente Cuauhtlactoatzin, que nació durante el reinado de
Moctezuma I en Tenochtitlán, la gran capital del Imperio azteca.

Hemos visto cómo aquel indio rechazaba con energía muchos
de los principios de la fe de su propio pueblo, en especial lo relativo a la matanza de inocentes como un sacrificio a los dioses para
calmar sus iras. Hemos seguido sus pasos, previos a las apariciones,
en que ya él, espontáneamente, creyó en la palabra de los evangelizadores llegados de más allá del mar, y cambió su nombre azteca por
el de Juan Diego.

Hemos sabido de su gran amor por su esposa, prematuramen-
te desaparecida, como hemos podido seguir su vida de huérfano,
encontrando un segundo padre en su tío Juan Bernardino, tan bueno y noble como él mismo. Hemos sentido su dolor por la pérdida
de la mujer amada, y la subsiguiente soledad en que se encerró, junto a su tío, labrando la tierra y caminando durante kilómetros y kilómetros, día tras día, para ir a rezar ante Dios en la iglesia lejana de
su lugar de residencia y trabajo.

Pero, sobre todo, hemos asistido al momento mágico, único, en
que algo le atrajo al cerro del Tepeyac, que él cruzaba cada día, cuando unos sonidos melodiosos, que parecían cantos de pájaros desco-

nocidos, alcanzaron sus oídos. Hemos visto cómo se encontró ante la aparición de la Virgen, repetida hasta cuatro veces, a causa de sus idas y venidas a México capital, para tratar de convencer al obispo Zumárraga de la veracidad de sus afirmaciones.

Hemos comprobado el efecto que tuvo aquel milagro en el pueblo indígena de todo el país, después de que apareciese la efigie de Nuestra Señora de Guadalupe en la tilma del propio Juan Diego, convertida ya la modesta y burda prenda de vestir del indito en icono de eterna fe para el pueblo mexicano, y prueba irrefutable de que el milagro existió.

Hemos seguido los pasos siguientes de Juan Diego, entregado por entero al culto a Dios y a su Virgencita morena, en olor de verdadera santidad ya por entonces. Hemos sabido de su entrega total a cuidar de la imagen y de la capilla alzada en su honor por solicitud de la propia Virgen.

Y, finalmente, hemos sabido de su muerte, acaecida cuando ya era muy mayor y, posiblemente, ansiaba ir a reunirse con aquellos a quienes rindiera culto tan fervoroso durante toda su vida.

Pero ahí no terminó la historia de Juan Diego, sino que comenzó otra que había de durar siglos enteros: su elevación a los altares, primero como beato y luego como santo. La labor de la Santa Sede romana para estudiar su caso y llevar a cabo un largo proceso, tan minucioso como exigente, en torno a la figura de Juan Diego.

Sabemos ahora que el Papa le concedió el privilegio de ser beato, porque la Iglesia encontró que era merecido. Posteriormente, se iniciarían los procedimientos de canonización para elevarle a la categoría de santo, que era ya inminente, y que culminará así de forma gloriosa la vida y obra de este sencillo hombre de campo, indígena simple y humilde, trabajador y honesto, fiel creyente en Dios incluso antes de ser elegido para su obra santa.

Es una bella historia la suya, a despecho de quienes no crean en ella o duden de su veracidad. ¿Qué otra cosa se puede esperar, si incluso la existencia real del propio Juan Diego ha sido tantas veces negada, como argumento definitivo para rechazar su beatificación y su canonización?

Nosotros creemos que Juan Diego existió y que fue como hemos visto que fue, porque queremos creer en ello, y porque se nos antoja que un hombre así no puede ser fruto de la imaginación, ni una obra como la suya puede ser parte de ningún fraude. Hay demasiada verdad en él, demasiada humanidad, para poner en duda que Juan Diego fue quien fue, le ocurrió lo que le ocurrió, y basta.

Es la conclusión a que hemos llegado a lo largo de esta historia, aunque sea siempre el lector quien tiene la última palabra, y es él, en definitiva, quien debe creer o no creer, de acuerdo con su criterio y sus convicciones, sin que nuestras opiniones o conclusiones sean otra cosa que el resultado de haber seguido durante todo este tiempo, paso a paso, la gran obra del milagro guadalupano, capaz de transformar a todo un pueblo, a todo un país, y darle una fe que ilumine sus vidas.

No hemos hablado durante nuestro relato de un personaje, secundario en la historia, pero sin duda muy importante para Juan Diego, ya que se trata de un hermano suyo, quince años mayor, que nunca cambió su nombre primitivo ni se hizo bautizar y que, paradójicamente, se ocupó, durante la larga enfermedad que llevaría a Juan hasta la tumba, de hacer sus tareas en la capilla de la Virgen, con una fuerza y un denuedo insólitos en un hombre de su edad.

Se trata de Mixcoatl, que cuando Juan Diego había rebasado en bastantes años los sesenta, él contaba ya más de ochenta, y aun así era capaz de ayudar en las tareas de la capilla con una fortaleza admirable y un afán de sacrificio que acaso le había inculcado el propio Juan Diego.

Cuando la tuberculosis incurable afectó a Juan de forma ya irreversible, fue ese hermano suyo quien cargó con la más grande y penosa tarea, como era llevar el cuidado de la ermita del Tepeyac y atender a los numerosos visitantes como si fuese su propio hermano quien lo hiciera.

Por ese lado, Juan Diego se sentía contento incluso en el lecho del dolor, sabiendo que a su Virgencita no le faltaban los debidos cuidados, pero a él se le iba terminando ya el sendero, y bien sabía que estaba llegando a su fin. El saber que fray Juan de Zumárraga, su obispo y protector, además de amigo, estaba así mismo en su lecho de muerte, allá en su residencia episcopal de la ciudad de México, tampoco le sirvió precisamente de alivio, pero cuando menos le hizo decir algo que era sin duda profético y que, tal vez, ni siquiera lo decía por sí mismo, sino por voluntad e inspiración divinas:

—Sé que el señor obispo ya no se levantará de la cama donde yace. Pero yo también moriré pronto, detrás de él. Ambos nos iremos casi juntos al cielo. Y cómo me alegra saber que ese momento está cerca, muy cerca...

Y así iba a ocurrir. La tuberculosis terminaría por llevarse al bueno de Juan Diego, tras unos ahogos finales, que él acogió con la más cristiana de las resignaciones, cuando ya allá, en la ciudad de México, el señor obispo Zumárraga le había precedido en el último viaje.

Todo se cumplía tal como Juan Diego había previsto. Era el final que ya conocía de antemano, el camino definitivo para encontrarse de nuevo con la Señora, y que ella les condujese a ambos a presencia de Dios, para el eterno descanso de sus almas.

Era el final de una vida dedicada casi por entero a ser bueno y humilde, a amar a los demás y a procurar ser amado. Era aquélla una vida que iba dejando tras de sí un rastro de amor que iba a convertirse cada vez más en devoción.

Así, si alguien, tras haber pasado por el mundo, es merecedor del halo de santidad, pocas dudas caben de que ese alguien bien puede ser el buen indito Juan Diego, el del milagro guadalupano, el de las interminables marchas hasta la iglesia, en pleno invierno, sólo para ponerse de rodillas y orar ante el Señor, y recibir los sacramentos de la comunión tres veces por semana, como era su caso.

Que en una de tantas interminables e incontables marchas de horas de caminar se encontrase con el milagro del cerro, no deja de ser sino el justo premio a su perseverancia, a su fe y a su devoción sacrificada y desinteresada.

Él, que nada tenía, lo daba todo por su fe, por su Dios, y eso no podía quedar sin premio, ni en este mundo ni en el otro. Si aquí se le iba a conceder el privilegio de ser el testigo del gran milagro guadalupano, de la custodia de la reliquia santa de los mexicanos y de la entrega de todo el resto de su vida a la Virgen del cerro del Tepeyac, en el otro mundo iba a tener la recompensa de ser recibido como uno de los hijos predilectos de María y, por tanto, del propio Jesucristo, hijo de Dios hecho Hombre.

Todo ello tenía que trascender de alguna forma, y ello sería, como no podía ser menos, en forma de reconocimiento oficial de todos sus méritos y valores. Por ello la Iglesia católica le hizo beato, y por ello la Iglesia católica le hizo definitivamente Santo en el 2002.

San Juan Diego seguirá siendo, allá donde ahora está, un siervo fiel y constante de la Señora, ahora por toda la eternidad, sin límites en el tiempo. Es su destino, porque ése es su gran premio y su privilegio, ganado en este mundo con su esfuerzo, su tesón y su enorme dosis de fe.

Todo cuanto se diga ahora, en torno a su figura, sea positivo o negativo, favorable o desfavorable, cuenta poco o nada a la hora de considerar su merecida santidad. Él fue quien fue, hizo lo que hizo, porque creyó que estaba destinado a ello y debía hacerlo, y le han otorgado lo que era de justicia otorgar.

Eso es todo, y ya nada ni nadie podrá cambiarlo. El modesto, laborioso y humildísimo campesino de piel oscura, el indígena que cultivaba la tierra y respetaba y amaba a Dios por encima de todo, ya está ahora al lado de su amadísima María Lucía, que tan pronto le había dejado, y que debía estar esperándole en el cielo, junto a María, Madre de Dios, con una sonrisa de bienvenida.

Ahora ya es algo más que un sencillo ser humano que ha ido al encuentro de sus seres queridos y de su Dios. Es uno de los elegidos en el reino de los cielos, porque ahora ha sido elevado a los altares, como mereció en vida.

Ahora es San Juan Diego, y mirará a su pueblo, a su gente, a su México amado, con esa mirada de amor y de ternura que siempre tuvo para todos, pero magnificada porque ahora será a él, tan sencillo y tan insignificante en vida, a quien irán dirigidas muchas de las preces y oraciones de quienes en él crean, como creen en su Virgen guadalupana.

Por eso mismo, tal vez para esta ocasión resulte más elocuente y significativo que nunca recurrir a uno de los numerosos salmos escritos en honor de la Guadalupana.

Es aquel salmo que lleva por nombre «Salmo de un corazón dichoso», algunos de cuyos fragmentos reproducimos aquí, como corolario y conclusión de nuestro intento modesto de narrar la vida y la obra de Juan Diego y del milagro de Guadalupe.

El salmo empieza así:

> *«Soy yo, mi Virgencita, mi Niña,*
> *mi patroncita.*
> *Soy yo, tu pequeño, tu pobre*
> *indio Juan Diego.*
> *Y he llegado ante ti sin tilma;*
> *me la han robado.*
> *Está ahí, ante los ojos de todos,*
> *como un tesoro.*
> *Virgencita del Tepeyac,*
> *del cerro al amanecer.*
> *Mi pequeñita, blanca y hermosa,*
> *llena de rayos de luz.*
> *Se me alegra el corazón al ver*
> *que tantos te quieren.*

Y tras varios largos fragmentos, termina el salmo con estas estrofas, llenas de ternura y de amor:

> *«Ábreles el corazón a tu Hijo Jesús, a su Evangelio,*
> *y que, al volver a sus hogares, se quieran más.*
> *Une las familias de tu México "lindo y querido"*
> *y vela porque la justicia florezca en nuestra tierra.*
> *Que la Iglesia de tu hijo sea una comunidad de amor,*
> *que los pobres sean los predilectos de tu Iglesia.*
> *Danos un corazón misionero y que llevemos*
> *por el mundo el mensaje del Tepeyac:*
> *El Evangelio de las Bienaventuranzas.»*

Es solamente un salmo, pero resume muchas cosas que hemos dejado escritas antes. Es una petición de amor, de justicia y de libertad, las tres grandes necesidades del hombre que le hacen sentirse digno y respetado, y que pueden acercarle a Dios.

Amor, justicia y libertad, los tres pilares de la fe para el ser humano que confía en algo superior. Ese algo que, para los indígenas del siglo XVI, humillados y ofendidos, acosados y sojuzgados por un invasor arrogante, significaba tanto al fin y al cabo.

Ese algo que solamente un gran milagro podía proporcionarles.

El gran milagro guadalupano, la aparición de la Virgen en el Tepeyac. Fue lo que les dignificó y les devolvió la confianza en sí mismos y en un poder superior que protegiese sus vidas y sus almas.

Ése fue el gran milagro.

Pero entre el gran milagro y el pueblo mexicano siempre hubo un hombre. Siempre lo habrá.

Ese hombre es Juan Diego. Ahora, ya, San Juan Diego.

ÍNDICE

Títulos publicados en esta colección

Emiliano Zapata
Juan Gallardo Muñoz

Moctezuma
Juan Gallardo Muñoz

Pancho Villa
Francisco Caudet

Benito Juárez
Francisco Caudet

Mario Moreno "Cantinflas"
Cristina Gómez
Inmaculada Sicilia

J. María Morelos
Alfonso Hurtado

María Félix
Helena R. Olmo

Agustín Lara
Luis Carlos Buraya

Porfirio Díaz
Raul Pérez López

José Clemente Orozco
Raul Pérez López

Agustín de Iturbide
Francisco Caudet

Miguel Hidalgo
Maite Hernández

Diego Rivera
Juan Gallardo Muñoz

Dolores del Río
Cinta Franco Dunn

Francisco Madero
Juan Gallardo Muñoz

David A. Siqueiros
Maite Hernández

Lázaro Cárdenas
Juan Gallardo Muñoz

Emilio "Indio" Fernández
Javier Cuesta

San Juan Diego
Juan Gallardo Muñoz

Frida Kahlo
Araceli Martínez

Octavio Paz
Juan Gallardo Muñoz

Anthony Quinn
Miguel Juan Payán
Silvia García Pérez

SALMA HAYEK
Vicente Fernández

GUADALUPE VICTORIA
Francisco Caudet

SOR JUANA INÉS DE LA CRUZ
Juan M. Galaviz

JORGE NEGRETE
Luis Carlos Buraya

JOSÉ VASCONCELOS
Juan Gallardo Muñoz

NEZAHUALCOYOTL
Tania Mena

VICENTE GUERRERO
Jorge Armendariz

IGNACIO ZARAGOZA
Alfonso Hurtado